U0045518

楞伽經精要

以佛心印心辨別修證真假的智慧

了悟第一義心，遠離各種外道及見解上的過錯

實叉難陀◆原譯　梁崇明◆編譯

目次

愚癡凡夫所分別之外境是幻還是真？了悟外境皆為自心之所現，就是入佛知見嗎？

序

《楞伽經》全稱《楞伽阿跋多羅寶經》，亦稱《入楞伽經》、《大乘入楞伽經》，為法相宗所依的六經之一，是禪宗初祖印度人達摩傳燈印心的無上寶典。「楞伽」是梵語，譯義有二，一是指珍寶，二是指此山不可往及不可入的意思，亦含有此經微義難入難解的意思。此經屬於大乘三系中綜合了「虛妄唯識系」及「真常唯心系」之重要經典，亦即說明唯心、如來藏及阿賴耶識之教義。共有三個譯本：一、南朝宋求那跋陀羅譯的《楞伽阿跋多羅寶經》，四卷。二、北魏菩提流支譯的《入楞伽經》，十卷。三、唐代實叉難陀譯的《大乘入楞伽經》，七卷。其中唐代實叉難陀譯本較為明暢，易於研讀，與現存梵本比較接近，也是本書所採用的版本。

《楞伽經》的核心思想為「自心現量」，也就是萬法由心而生，一切唯識所造。在全部佛法與佛學中，其無論思想、理論或修證方法，都是一部重要的寶典。本經的開始，由大慧菩薩提出一百零八問，此百八問題皆屬於世間之各種相法，這許多問題，一切總要歸之於心。《楞伽經》主要內容為佛開示八識、五法、三自性、七種第一義、七種性自性、二種無我的真實義，並說其一切平等，無有對立或差別。此為大乘思想中超越有無二邊，不執於相又不墮於無相的最高境界。而所有這些，又不外乎一心，能究此心，即能到達證自覺聖智所行境界。全經一再宣說世界萬有皆由心識所造，迷的根源，在於無始以來的習氣，及未能了知諸法為自心之顯現。

禪宗五祖說過：「不識本心，學法無益。」這就告訴我們，學法不識自心，將一無所獲，這句話用在解讀《楞伽經》再適合不過了。讀經並非一味從文字上究竟，須從自覺進入，悟心開始。要正真理解佛經經義，得其真傳，須善解自心現境界，不斷悟入，與佛印心，便能通達佛說第一義。

佛常言：「心外求法，無有是處。」若讀者能通過印心《楞伽經》及其它唯識方面的經典，修證認知自己的身心狀況及徹悟意識之本性，修證到像大慧菩薩一樣「於自心現境界，善解其義」及「於五法自性識二種無我，究竟通達。」在您的世間生活中覺自心現量、捨離能取、所取之對立，理解如幻的現象世界是如何被結構出來的，以及應該如何看出它的虛妄不實性，臻於無所分別之世界，才能夠獲得智慧，獲得生活的指導原則，就能妄想不生、安穩快樂。知心為何物，就能離虛妄，知真實，從而沒有煩惱，獲得解脫。

《楞伽經》相當長，是一部大乘經。一乘佛經難讀，《楞伽經》更是難讀，其中的名相、術語多而且複雜，再者所討論的範疇廣博，如人文、物理、宇宙、術數等，需要通達因明，運用邏輯來推證。此經可說是一部百科全書式的寶典，具備完整的佛學理論，裡面包含般若學、唯識學及如來藏的觀念。藉由空性、般若智慧，以及唯識學的名相，都在這部經內作為觀念的基礎。要談成佛，也必須提及如來藏，經典中的自證聖智境界及真如，就是如來藏的理論。這些佛教理論裡重要的理論的環節，此經都頗有重點地強調，此外，修行的立場，此經也有完整的表達。

為令讀者能窺其堂奧，本書粹取《楞伽經》的精華重點內容，將經文以現代白話詞彙整理出來，並篩選、判斷出較重要的概念後畫線，方便讀者進入複雜名相之語境，除了能較為容易掌握唯識學的概念，同時又能引導讀者從真修實證入手，奠基般若智慧及入於如來藏的成佛境界，會之於心，歸於第一義諦。

導讀

題解

《楞伽經》是印度中期大乘佛教的重要經典之一，與《解深密經》同為論述唯識思想的重要經典。唐代實叉難陀的譯本《大乘入楞伽經》七卷，又稱七卷楞伽經、唐譯楞伽經，與梵本比較接近。本經是禪宗初祖菩提達摩傳授禪法所引用的經典，禪宗自初祖達摩至五祖之前的傳法，是以本經為心地法門，說明唯心、如來藏及阿賴耶識之教義。在漢地傳播的主要佛教宗派：禪宗、唯識宗、法相宗皆以《楞伽經》為根本，而華嚴宗、天台宗的心要亦可以與《楞伽經》互相聯繫。

本經是以楞伽城城主那王請佛住楞伽城說法為引子，以大慧菩薩問法為契機，引出如來之宣講佛法。「楞伽」，山名；「阿跋多羅」，入義。意思是說本經是佛陀入楞伽山所說的經典。釋迦牟尼曾至此處，向夜叉王說法，因此稱此經為楞伽經。「楞伽」又指珍寶，及不可入、不可往的危險處。作珍寶解釋時，釋迦毘楞伽寶原為帝釋天所持有之寶石，又作紅寶石解釋。在錫蘭島上有個楞伽山，山上居住了很多羅剎、夜叉，人皆不敢前往，故稱為危險處。

本經記錄大乘佛教多種重要教義，猶如一大集要的經典。全經以「三界唯心，萬法唯識」為本不動搖、本無生滅的基礎；以「覺自心現量」為方法論；以「五法」、「三自性」、「八識」、「二無我」等為中心論點，此四法門又不外乎一心。本經又強調指出一切眾生可分五種種性，不同種性的人，獲不同的修行果位。最後詳說食肉與殺生之過咎，詳說應食素食的原因。以此來結束楞伽山中盛大圓滿的法會。

五法三自性，八識二無我

五法是：一名、二相、三分別、四正智、五如如；

五法是對世出世間一切法的概括，「名」，就是名字、名稱，與相相符。為了便於區別各種相、稱呼各種相、交流各種相，就把各種相分別給安立相應的名字；「相」，就是如來藏出生出來的一切法相，包括色法相和心法相以及非色非心的法相；「分別」指人們的主觀能對事物分別認識；「正智」指聖人清淨無漏實智；「如如」指如實智所對真如理境。「五法」不出染淨和主客觀，是以總括諸法。

三自性是：妄想自性（遍計所執性），緣起自性（依他起性），成自性（圓成實性）。妄想自性對於「緣起法」非常的體性不瞭解，產生了執著，那就是妄想自性，也就是遍計所執性；緣起自性是三界心法，依他緣生，名依他起性；成自性是依他起上除遣二取，所顯二空真如為圓成實性。事物的性質不出此三種，所以叫三自性。不管是依他起性，遍計執性，都是攝歸於圓成實性。

八識是：如來藏（名「識藏」）、心（意、意識及五識身）。即眼識、耳識、鼻識、舌識、身識、意識、第七末那識、第八阿賴耶識。

二無我是人無我、法無我。每個有情或眾生都沒有永恆不變的實體即一般所說的自我或靈魂叫人無我；客觀事物也沒有恆常不變的實體即自性或絕對的真實叫法無我。二無我也叫作我、法二空。

其中「三自性」可含攝於「五法」中。佛陀在經中宣示，名和相屬於「妄想自性」，也就是「遍計執性」。依於妄想自性，第八識就會出生七識心，而使八識心出現於三界中。八識心和其種種心所法的現行和運作則屬於「緣起自性」，亦即「依他起性」。而正智和如如則攝屬「圓成實性」。八識和二無我亦可匯歸於五法，所以，此五法可含攝三乘一切佛法，菩薩道中相續次第深入，直至究竟佛地，皆入其中。因此，世尊以五法含攝一切佛法，次第修學，是本經的重要內容之一。

唯明一心義

綜觀全經，明諸法唯心，因此宋譯之各品「一切佛語心」，旨在闡說迷悟的根源——自心。佛說一切皆心境——涵蓋人生宇宙，主觀客觀，萬事萬物，世出世法等，也可以作「凡主客觀存在，皆心識所顯」之觀察修為，皆契經題佛說一切皆心境。因此《楞伽經》是說示阿賴耶識與如來藏相結合的經典，為法相宗所依六經之一，《起信論》真如緣起建立的根據，是代表印度後期大乘佛教思想的經典。

《楞伽經》最重要的觀念表述，為「自證聖智境界」及「第一義」觀念的提出，此亦禪宗所傳承的義理所在。此外，「自覺聖境界」的「自宗通法」為全經、也是禪宗之核心，為通達經題「佛說一切皆心境」之鎖鑰。宗通相指的是實證修行，說明修行速證菩提，不用意識心的覺想及外道法，若善見宗通，不隨意識心之覺想，那是不可思議的聖境界；說通相是宣說九部教法，擺脫異和不異、有和無等相。菩薩所證自覺聖智，兼通「宗通與說通」，這些在經文中皆有詳盡的敘述。

如來藏思想

依梵文，如來藏是如來和藏的結合語。如來，是佛十號之一，具足無量功德的究竟者。「藏」字，依梵文為「胎藏」或「界藏」義。故此如來藏，可說是富藏如來之性者。究竟來說，如來藏是一種境界，是佛的境界，而且是法爾的自然而然的一種清淨的境界。經中所說：「大慧！熏集種子心不滅，取外境界諸識滅。大慧！如是微細阿梨耶識行，除佛如來及入地諸菩薩摩訶薩，諸餘聲聞辟支佛外道修行者不能知故。」此處所說「熏集種子心不滅」的心，指的就是阿梨耶識如來藏。如來藏具有不生不滅及不變易的體性，不會在三界中突然出生、變易或滅絕。不生不滅性是如來藏最基本的體性之一，如來藏常住於世間，從來沒有出生，也永遠不會壞滅。而經中所說的「如來藏識不生不滅」等，就是在說這個體性。

如來藏是真如

經中所云「自證聖智，以如來藏而為境界」，即如來藏是聖智（根本無分別智）所證境界，所以是真如。

如來藏與外道所說之我

「我見」分為兩類，一類是凡夫所執，計著五陰和合之假我為實我，另一類是外道所計之神我。然而本經說的如來藏，是約真如空性說，或約緣起空說的。真如是佛的我自性，為最清淨自性之我。在眾生位，就是「眾生界」、「如來藏」；在菩薩位，是「菩薩界」、「菩薩實有空體」。故如來藏應離「我見」。

經中說：「是故諸佛說如來藏，不同外道所說之我。若欲離於外道見者，應知無我如來藏義。」所以如來藏不同外道所說之我，不是實我、真我，而應依無我如來藏義。

意生身

「意生身」是指由心意所化生的身體，這意生身，是由第七識末那識，所變化出來的。意字的意思，並非指由第六識，即用來分別萬事萬物，美醜好壞的意識，而是解作意念，由意念所變生出，有別於這血肉生成的身體。第七識自我們出生以來，就執著有一個實體的我，因此這意生身，亦一樣由第七識變化出來，隨意念而起滅。凡夫的意生身，隨意念妄想而生，也隨妄想而滅。比如現在你身在辦公室，意念一想到自己家的時候，你家中的印象，就立時浮現在腦中，只是由於無明障蔽心眼，天眼未開，所以，未能隨意念生起的同時，就看到家中實際景象。其實，當你想家的當下，意念一生，這意念波其實就是你的意生身了。此外，「意生身」為一相對性概念，就法身佛而言，智色不二，因此「意生身」實依凡夫眾生認識知能而說的概念，菩薩之意生身概念中亦有一肉生身意義在，而眾生之肉生身概念上，亦有一意生身意義在，至於佛性存有者本身，就是一智色不二的存在結構。

依義不依語

《楞伽經》對於「語」、「義」關係的論述，也相當強調。四依：第一依法不依人；第二依了義經，不依不了義經；第三依義不依語。大慧菩薩問，佛答說菩薩不應執著語言文字，不應隨言取義，善於明辨語和義，第一義者，唯是自心，是聖智內自證境，非語言分別所能顯示。佛說言語是名詞「言字妄想和合」，文字音聲和合，名詞概念的組合形成語言。這些名詞概念依靠我們的生理器官「咽喉唇舌齒齗頰輔」，依靠發音，依靠這些生理上的機能發音，還有言說妄想習氣，識裡頭有名言種子，習氣就是種子，這種言說分別的種子，這個種子通過意識的分別，通過我們生理機能、發音器官的組合，形成「語」。「義」，即心識所要表現的思想內容，是謂中道第一義，「語」是經文表面上的言辭或人師、論師的言論。語言文字都是載體，從第一義諦來看的話，離一切妄想相，是離開一切分別的。言說能顯義，言說非即是義。「義」在《楞伽經》中為離言說及離分別的境界，唯有靠自己去修證，自己去證悟才勝進這個境界因此須依常住不變之佛的真實教義，不可依照經文表面上的言辭或人師、論師所說之意。如來藏阿賴耶識於頓悟中覺證，不在言說，「勝義有」若作為「法執」知見，就不異外道了。菩薩應該了解到心量離言，幻性唯心及一切語言、文字之虛假，如此才能遠離妄想之執見。

第01品　羅婆那王勸請品第一

為何分別當下不起分別才能真正見到佛呢？

【要義】

摩羅山頂有一個城，叫楞伽城，這山是難往而且難入的，除非證得五眼六通的聖人們才能進去，也是佛在這裡所講的自證之法。羅婆那楞伽王見世上一切諸法本來實無其物，都是自心虛妄分別的結果，愚夫們受一切妄想迷惑不能理解，見佛聽法都是虛妄分別，按照這種方式觀看也就看不見佛。不起分別才能真正見到佛。羅婆那楞伽王棄除了一切雜染，證得諸法唯是自心所變現，住於無虛妄分別的境地，得如實見一切法。

如是我聞：

一時佛住大海濱摩羅耶山頂楞伽城中，與大比丘眾及大菩薩眾俱。其諸菩薩摩訶薩，悉已通達五法、三性、諸識無我，善知境界自心現義，遊戲無量自在三昧神通諸力，隨眾生心現種種形方便調伏，一切諸佛手灌其頂，皆從種種諸佛國土而來此會，大慧菩薩摩訶薩為其上首。

爾時世尊，於海龍王宮說法，過七日已從大海出，有無

我親自聽到佛是這樣說的：

有一天，在南海之濱摩羅耶山頂的楞伽城中，佛和許多大比丘、大菩薩來到楞伽山，在山頂舉行法會。**這些大菩薩都已通達五法（相、名、分別、正智、如如）、三自性**〔妄想自性（遍計所執性）、緣起自性（依他起性）、成自性（圓成實性）〕**及諸識無我，善知一切外境外物都是自心之所變現，精於禪定，富有神通，能隨眾生之心變現各種形像，方便說教，隨機攝化，**一切諸佛為其灌頂授記。這些大菩薩從各個佛國而來，他們推舉以大慧菩薩為上首。

當時，佛在海龍王宮說法，七日之後，從海中出來，有無數梵天、帝釋、諸大護法天龍等，奉

量億梵釋護世、諸天龍等，奉迎於佛。爾時如來，舉目觀見摩羅耶山楞伽大城，即便微笑而作是言：「昔諸如來、應、正等覺，皆於此城說自所得聖智證法，非諸外道臆度邪見及以二乘修行境界，我今亦當為羅婆那王開示此法。」

爾時世尊以神通力，於彼山中復更化作無量寶山，悉以諸天百千萬億妙寶嚴飾，一一山上皆現佛身；一一佛前皆有羅婆那王及其眾會；十方所有

迎於佛。當時，佛舉目看見了摩羅耶山頂的楞伽大城，便面帶微笑地說：「過去的佛都在這個山頂的那個楞伽大城上，說自己所證得的聖智諸法，這就是佛的自證自受用身，自己成就的。有的法是為眾生方便講的、方便建立的。**過去諸佛都在此地演說自己所證得的聖智諸法。此法既非外道之所猜測臆度之邪見，亦非二乘所修行之境界**，我現在也為羅婆那王開示此法。」

那時，世尊以神通力，在那座山中又幻化出無數無量寶山，都以百千萬億妙寶莊嚴裝飾，世尊在每座山上顯現自己身體，每一佛前都有羅婆那王及展現集會，十方世界所有國土也都從中顯現，所有國中都有如來，每處都有羅婆那王及其眷屬，都有

一切國土皆於中現；一一國中悉有如來；一一佛前咸有羅婆那王并其眷屬。楞伽大城阿輸迦園，如是莊嚴等無有異，一一皆有大慧菩薩而興請問，佛為開示自證智境，以百千妙音說此經已，佛及諸菩薩皆於空中隱而不現。

羅婆那王唯自見身住本宮中，作是思惟：「向者是誰？誰聽其說？所見何物？是誰能見？佛及國城眾寶山林，如是等物今何所在？為夢所作？為

楞伽大城阿輸迦園，都是那樣富麗莊嚴毫無差異，同時都有大慧菩薩在向佛請問佛法，一一諸佛也都在演說開示自證智境界，以百千妙音聲宣說完此經後，佛及諸菩薩都在空中消失。

羅婆那王只見到自己身居本宮中，他思忖：「剛才說法的是誰？是誰聽法？剛才所看到的是什麼？是誰看見？佛及諸國土大城眾寶山林，這一切現在都在哪裡？這是夢幻？還是幻覺？或者是所謂的乾闥婆城？或者眼睛有了毛病？或者為陽焰微塵

幻所成？為復猶如乾闥婆城？為翳所見？為炎所惑？為如夢中石女生子？為如煙焰旋火輪耶？」復更思惟：「一切諸法性皆如是，唯是自心分別境界，凡夫迷惑不能解了，無有能見亦無所見，無有能說亦無所說，見佛聞法皆是分別，如向所見不能見佛，不起分別是則能見。」

時楞伽王尋即開悟，離諸雜染證唯自心，住無分別；往昔所種善根力故，於一切法得

的反映所迷惑？或者如夢中見石女生子？或者是火輪的煙霧？」接著又想：「**世上一切諸法大概都是這樣，本來實無其物，都是自心虛妄分別的結果，**愚癡凡夫們受一切妄想迷惑不能理解，**世上無有能見，也無所見，無有能說，也無所說，見佛聽法都是虛妄分別，**因為佛和法的行相和狀態只不過是妄想分別，按照這種方式觀看也就看不見佛。**不起分別才能真正見到佛。」**

楞伽王隨即開悟，棄除了一切雜染，**證得諸法唯是自心所變現，住於無虛妄分別之境地；由於以往所種善根，得如實見一切法，**不依賴外在證悟。

如實見，不隨他悟。能以自智善巧觀察，永離一切臆度邪解，住大修行為修行師，現種種身善達方便，巧知諸地上增進相，常樂遠離心、意、意識，斷三相續見，離外道執著，內自覺悟，入如來藏趣於佛地。聞虛空中及宮殿內咸出聲言：「善哉！大王！如汝所學，諸修行者應如是學，應如是見，一切如來應如是見，一切諸法若異見者則是斷見；汝應永離心、意、意識，應勤觀察一切諸法，

能以自智慧善巧觀察，永離於一切邪見臆想，善於修行，為修行師，能於自身顯種種色像，得種種大方便解，善於理解一切諸地依次向上之相，樂於遠離心、意和意識的自性，洞察破除三相續，遠離外道各種執著，以自智覺悟入於如來藏，直趣佛地。聽到虛空中及宮殿裡都發出這樣的聲音：「很好啊！大王！像你所修學的，諸修行者都應該這樣修學，應該像你這樣看待諸如來和諸法，如果不這樣看待，則是依附斷見；**自證之法，非心意識境界，故各種心識應當遠離，應如理觀察一切法性，應依智慧內修，莫著外見，莫著二乘與外道所修句義境界，及二乘外道所得之諸三昧法；**你不要進入聲聞、緣覺和外道追求的快樂境界，也不應起吠陀外

應修內行莫著外見，莫墮二乘及以外道，所修句義所見境界，及所應得諸三昧法；汝不應樂戲論談笑，汝不應起圍陀諸見，亦不應著王位自在，亦不應住六定等中。若能如是，即是如實修行者行，能摧他論能破惡見，能捨一切我見執著，能以妙慧轉所依識，能修菩薩大乘之道，能入如來自證之地。汝應如是勤加修學，令所得法轉更清淨，善修三昧三摩鉢底，莫著二乘外道境界以為勝樂，

道之見，不應耽著王位自在，也不應住外道六邪定中，若能如此如實修行，即能摧破種種邪論惡見，能捨棄一切我見執著，能夠以妙慧轉識成智，能修菩薩大乘之道，能入如來自證聖境。你應如此勤加修習，使所得之法更為清淨，善修正定，由定發慧而至殊勝之位，莫著外道二乘境界，以為殊勝，如外道凡夫等修行者的虛妄分別，外道執著於我，見有我相，追逐四大、性質和實體，沉溺於無明緣起這見，在性空中妄加分別。楞伽王！此法門殊勝是大乘修證道法，可令行者悟入內自證境，成就諸界中上品受生。楞伽王！此大乘行把無明的病徹底消除了，以及識對現象判斷以後產生對自身的干擾，不墮入外道邪行中。楞伽王！外道行者執著於我，

如凡修者之所分別，外道執我見有我相，及實求那而生取著，二乘見有無明緣行，於性空中亂想分別。楞伽王！此法殊勝是大乘道，能令成就自證聖智，於諸有中受上妙生。楞伽王！此大乘行破無明翳，滅識波浪，不墮外道諸邪行中。楞伽王！外道行者執著於我作諸異論，不能演說離執著見識性二義。善哉！楞伽王！汝先見佛思惟此義，如是思惟乃是見佛。」

爾時大慧菩薩摩訶薩，先

從各種各樣的角度去論斷，不能演說離執著識和自性兩種意義。很好！楞伽王！就像你見到如來那樣思考，這就是見到如來。」

此時，大慧菩薩受羅婆那王之請求，也洞悉在受羅婆那王請，復知菩薩眾會之心，及觀未來一切眾生，皆悉樂著語言文字，隨言取義而生迷惑，執取二乘外道之行。或作是念：「世尊已離諸識境界，何因緣故欣然大笑？」為斷彼疑而問於佛。

佛即告言：「善哉大慧！善哉大慧！汝觀世間愍諸眾生，於三世中惡見所纏，欲令開悟而問於我。諸智慧人為利自他，能作是問。大慧！此楞伽王，曾問過去一切如來、應、

座諸菩薩的心意，深知未來一切眾生都愛好執著於語言文字，常隨言取義而生迷惑，執著於聲聞、緣覺和外道之行。或者產生這樣的念頭：「世尊已經遠離諸識境界，是什麼原因欣然大笑？」為了解除他們的疑惑，所以就向佛提問。

佛隨即說：「很好啊大慧！很好啊大慧！你憐湣眾生為三世惡見所纏繞，為了使他們開悟，特意向我問法。許多有智慧之人，為了自利利他，能夠作這樣的提問。大慧！此楞伽王曾問過去一切如來應正等覺二種之義，現在你也提出這樣的問題，今後的問法者也會提出這個問題。如來二種義差別之

正等覺二種之義，今亦欲問，未來亦爾。此二種義差別之相，一切二乘及諸外道皆不能測。」

爾時如來知楞伽王欲問此義，而告之曰：「楞伽王！汝欲問我宜應速問，我當為汝分別解釋，滿汝所願令汝歡喜，能以智慧思惟觀察，離諸分別，善知諸地修習對治，證真實義入三昧樂，為諸如來之所攝受，住奢摩他樂，遠離二乘三昧過失，住於不動善慧法雲菩薩之地。能如實知諸法無我，當於

相，一切二乘及諸外道都難以揣測。」

那時，知情的世尊對楞伽王說道：「楞伽王！你提問吧，不要耽擱，我會逐一為你解釋的，滿足你的願望使你歡喜，能夠以智慧觀察思維，遠離一切虛妄分別，善知諸地境界和修習對治法，住於自證法相入定之樂，受諸如來護持，住於寂靜之樂，遠離二乘禪定的種種過失，住於不動、善慧和法雲菩薩之地。能如實了知諸法無我，在大寶蓮花宮中獲得三昧佛灌頂。你將看到自身坐著，眾多蓮花圍繞，那些美妙蓮花座上也坐著自身，你將與他們互相面對而視，這樣的境界不可思議。楞伽王！你以

大寶蓮花宮中，以三昧水而灌其頂。復現無量蓮花圍繞，無數菩薩於中止住，與諸眾會遞相瞻視，如是境界不可思議。楞伽王！汝起一方便行住修行地，復起無量諸方便行，汝定當得如上所說不思議事，處如來位隨形應物。汝所當得，一切二乘及諸外道梵釋天等所未曾見。」

爾時世尊告彼王言：「汝應問，我當為汝說。」時夜叉王，更著種種寶冠瓔珞，諸

這種方便進入修行地，然後，以種種方便善巧，你將達到那種不可思議境界，行相多變的如來地，你將達到聲聞、緣覺及諸外道梵釋天等等前所未有的境界。」

那時，世尊告訴楞伽王說：「此二義你應當問，我也應當為你們宣說。」當時夜叉王更著種種寶冠瓔珞，用各種寶物莊嚴其身，說道：「如來常

莊嚴具以嚴其身，而作是言：「如來常說：『法尚應捨，何況非法。』云何得捨此二種法？何者是法？何者非法？法若應捨，云何有二？有二即墮分別相中。有體無體、是實非實，如是一切皆是分別，不能了知阿賴耶識無差別相。如毛輪住非淨智境，法性如是，云何可捨？」

爾時佛告楞伽王言：「楞伽王！汝豈不見瓶等無常敗壞之法，凡夫於中妄生分別。汝

說：『一切法都應該捨棄，何況非法。』為什麼必須捨棄一切法及非法呢？那麼，何者是法？何者是非法呢？法如果應該捨棄，為什麼有二法之分呢？**有二法之分便是陷入分別相。諸如有體無體，有實無實，都是一種虛妄分別，不能了知阿賴耶識無差別相。**就像毛輪住於不淨之境一樣（毛輪住就像不整齊的邊際。例如車輪子轉快的時候看上去很整齊，讓它不動且近距離看，就會連輪齒都看得到。這並不是清淨的智慧所展現的），法性本來就是這樣，如何捨棄？」

那時，佛對楞伽王說：「楞伽王！你難道不曾看過瓶等無常會毀滅的東西，愚痴凡夫於此假相生分別。你何不藉此去理解法與非法的差別？這是

今何故不如是知法與非法差別之相？此是凡夫之所分別，非證智見；凡夫墮在種種相中，非諸證者。楞伽王！如燒宮殿園林見種種焰，火性是一，所出光焰由薪力故，長短大小各各差別。汝今云何不如是知法與非法差別之相？楞伽王！如一種子生牙莖枝葉及以花果無量差別，外法如是內法亦然。謂無明為緣生蘊、界、處一切諸法，於三界中受諸趣生，有苦樂好醜語默行止各各差別，

凡夫之所分別，獲得聖智者不這樣看；在凡夫墮入種種相中，智者不為各種假相所迷惑，而聖者不這樣看待。楞伽王！譬如用火燃燒宮殿園林，看到種種煙焰，但其火性是一，所出現的種種光焰，是由各種長短大小不同之木料所產生的。你今何不藉此去理解法與非法的差別？楞伽王！如一顆種子，生芽、長枝、開花並結出種種果實，外法（世間的一切法）是這樣，內法（佛法）也是如此。以無明為緣，生出五蘊、十二處、十八界等一切諸法，於欲界、色界、無色界三界中，因緣而生，有苦樂、美醜、語默、行止諸種差別，又如諸識，相雖是一，所墮之境界有上、中、下、染淨、善惡之種種差別。楞伽王啊！不僅這些法有差別，**修行者修各種觀行**

又如諸識相雖是一，隨於境界有上中下染淨善惡種種差別。楞伽王！非但如上法有差別，諸修行者修觀行時，自智所行亦復見有差別之相，況法與非法而無種種差別分別。楞伽王！法與非法差別相者，當知悉是相分別故。

楞伽王！何者是法？所謂二乘及諸外道，虛妄分別說有實等為諸法因，如是等法應捨應離，不應於中分別取相。見自心法性則無執著，瓶等諸物

也有自證的差別相，更何況是法與非法。楞伽王啊！應該要知道法和非法的差別是由於相的分別。

楞伽王！哪種是法？二乘及諸外道，虛妄分別說有實法存在，這是導致有種種法存在的主要原因。這樣的法應該捨棄，不應該加以分別取相。能洞見自心法性，則能做到無所執著，諸如瓶等物體只是凡夫愚痴之所虛妄分別執著，本沒有體，諸修

凡愚所取本無有體，諸觀行人以毘鉢舍那如實觀察，名捨諸法。楞伽王！何者是非法？所謂諸法無性無相永離分別，如實見者，若有若無如是境界彼皆不起，是名捨非法。復有非法，所謂兔角、石女兒等，皆無性相不可分別，但隨世俗說有名字，非如瓶等而可取著，以彼非是識之所取，如是分別亦應捨離，是名捨法及捨非法。楞伽王！汝先所問我已說竟。

楞伽王！汝言：『我於過

行者如能以理如實觀察，即為捨棄諸法。楞伽王！哪種是非法？**所謂諸法無自性、無形相，永遠捨棄一切虛妄分別，如實觀察諸法若有若無，其餘妄見皆不生起，這就叫捨離非法**。還有一種非法，如兔角、石女兒等，由於沒有本性，不能取相分別，只是隨世俗言說而有其名，不像瓶等，看得見摸得著，不是諸識所能取著，這種分別也應該捨離，這就是捨離法與非法。楞伽王！你剛才所問的，我已經回答完了。

楞伽王！你說：『我曾向過去諸如來處所已經

去諸如來所已問是義，彼諸如來已為我說。』楞伽王！汝言過去但是分別，未來亦然，我亦同彼。楞伽王！彼諸佛法皆離分別，已出一切分別戲論，非如色相唯智能證，為令眾生得安樂故而演說法，以無相智說名如來。是故如來以智為體，智為身故不可分別，不可以所分別，不可以我人眾生相分別。何故不能分別？以意識因境界起，取色形相，是故離能分別，亦離所分別。楞伽王！譬如壁

問過此義，如來曾為我作過解說。』楞伽王！你所說的**「過去」是一種「分別」，「未來」也是分別，我與過去諸佛並沒有什麼差別**。楞伽王！諸佛超越一切分別戲論，不能像色相加以分別，只有聖智能夠證知，為了使眾生得到安樂，因而才演說，因是**無相之智，故稱之為如來**，因此，如來**以智為體性，以智為身，因此不可分別，既然不分別，亦無所分別，不可以眾生相妄加分別**。憑藉甚麼而不分別呢？因有意識而才有諸境界生起，而有色形諸相，因此擺脫分別，亦無所分別，譬如壁上畫像之眾生，沒有覺知，世間的眾生也是這樣，無有業亦無果報，一切諸法也是這樣，不可聞不可說。楞伽王！世上眾生如同幻化而成，凡夫與外道不能了

上彩畫眾生無有覺知，世間眾生悉亦如是無業無報，諸法亦然無聞無說。楞伽王！世間眾生猶如變化，凡夫外道不能了達。楞伽王！能如是見名為正見，若他見者名分別見，由分別故取著於二。

楞伽王！譬如有人於水鏡中自見其像，於燈月中自見其影，於山谷中自聞其響，便生分別而起取著，此亦如是。法與非法唯是分別，由分別故不能捨離，但更增長一切虛妄不

知。楞伽王！這樣觀察，才是正確的觀察，若不這樣觀察，便有二元之對待。

楞伽王！譬如有人於水鏡中看到自己的影像，於屋中月光或燈光映照下看到自己的身影，於山谷中聽到自己的回音，便生錯覺，分別取著，也是一樣。法與非法只是一樣，因分別也就對此不能捨離，只會更加增長一切虛妄之見，永遠不得寂滅。

虛妄寂滅是專注於唯一的緣起，將心念專注於一

得寂滅。寂滅者所謂一緣，一緣者是最勝三昧，從此能生自證聖智，以如來藏而為境界。」

緣，專注於空性、心體的本質，就是最殊勝的入定，由此能生自證聖智，以如來藏而為境界。」

第02品　集一切法品第二之一

為何沒有獲得親證，自證聖智所證境界，
就看不到諸法根本呢？

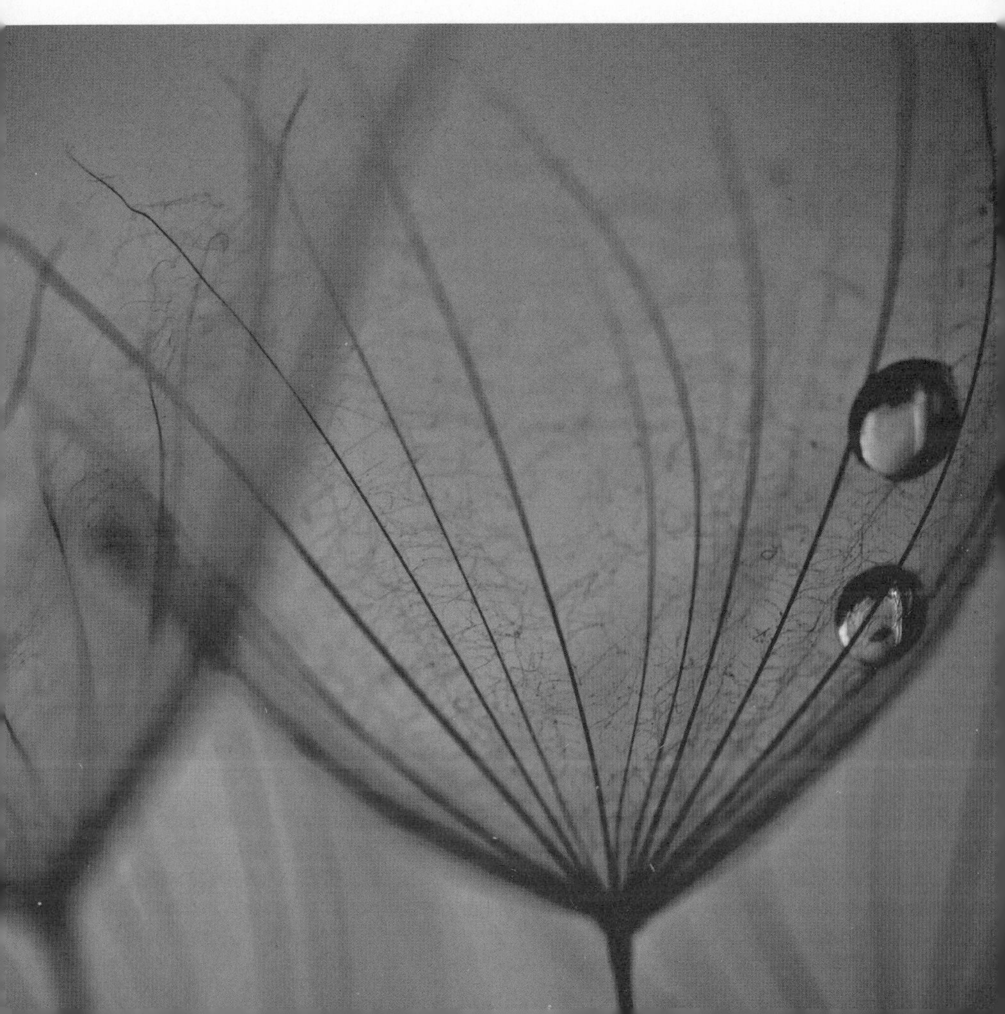

【要義】

本品由大慧總問，問種種見，為何有藏識？為何有意識？怎樣有所見？怎樣斷所見？問種種施設及佛法僧三寶。佛在聽了大慧菩薩的問題以後，總地說了大乘所有的修行法門，以佛心地的法門為第一。經佛陀略答而直接指示「佛心」所在，此即是經前一百零八句問答。佛告訴大慧證智之所知，沒有獲得親證，看不到諸法根本。自心的清淨真識是不會滅去的，滅去的只是妄想及眼等六識，也就是心的造業相。若藏識滅則無異外道的斷滅論。

一百零八個問題，實事上是一百零四句，之所以叫一百零八問，就像三十六計、七十二行，只是概括數，實際都不足整數。

爾時大慧菩薩摩訶薩與摩帝菩薩，俱遊一切諸佛國土，承佛神力從座而起，偏袒右肩右膝著地，向佛合掌曲躬恭敬而說頌言：

「世間離生滅，譬如虛空花；

智不得有無，而興大悲心。

一切法如幻，遠離於心識；

智不得有無，而興大悲心。

世間恒如夢，遠離於斷常；

當時，大慧菩薩與摩帝菩薩一起遊歷諸佛國土，借助於佛之神力，從座位起身，偏袒右肩，右膝著地，雙手合掌，向佛鞠躬致敬，以偈頌讚佛言：

「世間一切無生無滅，猶如虛空之花；

智者不著有不著無，而起大悲之心。

一切法如幻，遠離於心識（指眼識、耳識、鼻識、舌識、身識、意識、末那識、藏識等八識。識者，為分別、計著義）；

智者不著有不著無，而起大悲之心。

世間一切如同夢幻，遠離於恆常與斷滅；

智不得有無，而與大悲心。
知人法無我，煩惱及爾焰；

常清淨無相，而與大悲心。
佛不住涅槃，涅槃不住佛；
遠離覺不覺，若有若非有。
法身如幻夢，云何可稱讚？
知無性無生，乃名稱讚佛。
佛無根境相，不見名見佛；
云何於牟尼，而能有讚毀？
若見於牟尼，寂靜遠離生；
是人今後世，離著無所

智者不著有著無，而起大悲之心。

知人無我、法無我，一切煩惱與爾焰（爾焰為梵語的音譯，意譯為所知、境界、智母、智境，即為能生智慧者）；

心常清淨而無相，而起大悲之心。

佛不住於涅槃，涅槃也不住佛；

遠離覺與不覺，不起有見，亦不起無見。

法身自性如夢如幻，怎麼能稱讚呢？

識得無生無性之理，這便是真稱讚佛。

脫離諸根和對象，見無可見，就是見佛；

如何能對釋迦牟尼佛，有所讚嘆或者毀譽呢？

若真能見到世尊，則應該於寂靜遠離於生滅；

此人當今後世，**遠離一切執著沒有一個所對境**

見。」

爾時大慧菩薩摩訶薩偈讚佛已，自說姓名：

「我名為大慧，通達於大乘；今以百八義，仰諮尊中上。」

時世間解聞是語已，普觀眾會而說是言：

「汝等諸佛子，今皆恣所問；我當為汝說，自證之境界。」

爾時大慧菩薩摩訶薩白佛言：「世尊！何者是一百八

可取。」

那時，以這些偈頌讚美世尊後，接著自說姓名：

「我的名字叫大慧，已經通達大乘；今以一百八句最勝義，以景仰的心來諮詢請教尊中上（尊是尊重，中是中道，上是上人之士）。」

世尊聽了大慧菩薩的話後，望著所有會眾說道：

「佛門眾弟子，今都來問我佛法；我將為你們宣示自證境界。」

然後，大慧菩薩對世尊說道：「世尊啊！哪一百零八句？」

句？」

佛言：「大慧！所謂生句非生句，常句非常句，相句非相句，住異句非住異句，剎那句非剎那句，自性句非自性句，空句非空句，斷句非斷句，心句非心句，中句非中句，緣句非緣句，因句非因句，煩惱句非煩惱句，愛句非愛句，方便句非方便句，善巧句非善巧句，清淨句非清淨句，相應句非相應句，譬喻句非譬喻句，弟子句非弟子句，師句非師句，種

佛說：「大慧！所謂生句、不生句，常句、無常句，相句、無相句，住異句、非住異句，剎那句、非剎那句，自性句、離自性句，空句、不空句，斷句、不斷句，邊句、非邊句，中句、非中句，常句、非常句，緣句、非緣句，因句、非因句，煩惱句、非煩惱句，愛句、非愛句，方便句、非方便句，巧句、非巧句，淨句、非淨句，成句、非成句，譬句、非譬句，弟子句、非弟子句，師句、非師句，種性句、非種性句，三乘句、非三乘句，所有句、非所有句，願句、非願句，三輪句、非三輪句，相句、非相句，有品句、非有品句，無句、非無句，俱句、非俱句，緣自聖智句、非緣自聖智句，現法樂句、

性句非種性句，三乘句非三乘句，無影像句非無影像句，願句非願句，三輪句非三輪句，標相句非標相句，有句非有句，無句非無句，俱句非俱句，自證聖智句非自證聖智句，現法樂句非現法樂句，刹句非刹句，塵句非塵句，水句非水句，弓句非弓句，大種句非大種句，算數句非算數句，神通句非神通句，虛空句非虛空句，雲句非雲句，巧明句非巧明句，伎術句非伎術句，風句非風句，

非現法樂句，剎土句、非剎土句，阿句、非阿句，水句、非水句，弓句、非弓句，實句、非實句，數量句、非數量句，計數句，非計數句，明句、非明句，虛空句、非虛空句雲句、非雲句，工巧技術明處句、非工巧技術明處句，風句、非風句，地句、非地句，心句、非心句，施設句、非施設句，自性句、非自性句，陰句、非陰句，眾生句、非眾生句，慧句、非慧句，涅槃句、非涅槃句，爾焰句、非爾焰句，外道句、非外道句，荒亂句、非荒亂句，幻句、非幻句，夢句、非夢句，焰句、非焰句，像句、非像句，輪句、非輪句，犍闥婆句、非犍闥婆句，天句、非天句，飲食句、非飲食句，淫欲句、非淫欲句，見句、非見句，波羅密句、非波羅密句，戒

地句非地句，心句非心句，假立句非假立句，體性句非體性句，蘊句非蘊句，眾生句非眾生句，覺句非覺句，涅槃句非涅槃句，所知句非所知句，外道句非外道句，荒亂句非荒亂句，幻句非幻句，夢句非夢句，陽焰句非陽焰句，影像句非影像句，火輪句非火輪句，乾闥婆句非乾闥婆句，天句非天句，飲食句非飲食句，婬欲句非婬欲句，見句非見句，波羅蜜句非波羅蜜句，戒句非戒句，日

句、非戒句，日月星宿句、非日月星宿句，諦句、非諦句，果句、非果句，滅句、非滅句，起句、非起句，治句、非治句，法相句、非法相句，支句、非支句，巧明處句、非巧明處句，禪句、非禪句，迷句、非迷句，現句、非現句，護句、非護句，族句、非族句，仙句、非仙句，王句、非王句，攝受句、非攝受句，寶句、非寶句，記句、非記句，一闡提句、非一闡提句，女男不男句、非女男不男句，味句、非味句，事句、非事句，身句、非身句，覺句、非覺句，動句、非動句，根句、非根句，有為句、非有為句，無為句、非無為句，因果句、非因果句，色究竟句、非色究竟句，節句、非節句，叢樹葛藤句、非叢樹葛藤句，雜句、非雜句，說句、

月星宿句非日月星宿句，諦句非諦句，果句非果句，滅句非滅句，滅起句非滅起句，醫方句非醫方句，相句非相句，支分句非支分句，禪句非禪句，迷句非迷句，現句非現句，護句非護句，種族句非種族句，仙句非仙句，王句非王句，攝受句非攝受句，寶句非寶句，記句非記句，一闡提句非一闡提句，女男不男句非女男不男句，味句非味句，作句非作句，身句非身句，計度句非計度句，

非說句，決定句、非決定句，戒律句、非戒律句，比丘句、非比丘句，處句、非處句，字句、非字句。大慧啊！這些是過去諸佛講述的一百零八句。」

動句非動句，根句非根句，有為句非有為句，因果句非因果句，色究竟句非色究竟句，時節句非時節句，樹藤句非樹藤句，種種句非種種句，演說句非演說句，決定句非決定句，毘尼句非毘尼句，比丘句非比丘句，住持句非住持句，文字句非文字句。大慧！此百八句，皆是過去諸佛所說。」

爾時大慧菩薩摩訶薩復白佛言：「世尊！諸識有幾種生住滅？」

那時，大慧菩薩又對佛說：「世尊！諸識有幾種生住滅？」

佛言：「大慧！諸識有二種生住滅，非臆度者之所能知。所謂相續生及相生，相續住及相住，相續滅及相滅。諸識有三相，謂轉相、業相、真相。

大慧！識廣說有八，略則唯二，謂現識及分別事識。大慧！如明鏡中現諸色像，現識亦爾。

大慧！現識與分別事識，此二識無異，相互為因。

大慧！現識以不思議熏變

佛說：「大慧！諸識有二種情況的生、住、滅，這二種生、住、滅是不能靠想像所能認識的。一是相續（即因果流轉相續不斷之意）生及相生（由此識輾轉生彼識），相續住及相住，相續滅及相滅。諸識有三相，即轉相（由此識轉生彼識）、業相（識的造業之相）和真相（識的虛妄相）。

大慧！識廣說有八（即眼識、耳識、鼻識、舌識、身識、意識、末那識、阿賴耶識），略說有二，謂『現識』（阿賴耶識的別名）及『分別事識』（除阿賴耶識，為其他末那等七識之總稱）。

大慧！譬如鏡中顯現諸色相，現識也是這樣。大慧，現識與分別事識二者無異，相互為因。

大慧！現識以不思議熏變（即無明熏習真如而

為因；分別事識以分別境界及無始戲論習氣為因。

大慧！阿賴耶識虛妄分別種種習氣滅，即一切根識滅，是名相滅。

大慧！相續滅者，謂所依因滅及所緣滅，即相續滅。所依因者，謂無始戲論虛妄習氣。所緣者，謂自心所見分別境界。

大慧！譬如泥團與微塵非異非不異，金與莊嚴具亦如是。

大慧！若泥團與微塵異者，應非彼成，而實彼成，是

生妄法）為因；分別事識以虛妄分別境界及各種戲論、習氣為因。

大慧！阿賴耶識虛妄分別各種習氣滅，即一切根識皆滅，這叫做相滅。

大慧！所謂相續滅者，即所依之因、緣皆滅，為相續滅。所依之因者，即指無始以來由戲論虛妄而致之習氣。而所緣者，即指識所見虛妄分別之外境。

大慧！譬如泥團與微塵，既非異又非不異，金與各種由金做成的器具也是一樣。

大慧！如果泥團異於微塵，那麼，泥團應不是由微塵構成的，但實際上，泥團是由眾多微塵構成

故不異。若不異者，泥團微塵應無分別。

大慧！轉識、藏識若異者，藏識非彼因；若不異者，轉識滅藏識亦應滅；然彼真相不滅。

大慧！識真相不滅，但業相滅，若真相滅者，藏識應滅；若藏識滅者，即不異外道斷滅論。

大慧！現識與分別事識，此二識無異，相互為因。

的，因此，並非說二者不異。如果不異的話，泥團與微塵應該是無差別的。

大慧！如果轉識不同於阿賴耶識，那麼阿賴耶識不應該成為它們的原因；如果並非不同，轉識滅也就是阿賴耶識滅；然而真相不滅。

大慧！識真相不滅，但是，有業相滅，如果有真相滅，那麼也就有阿賴耶識滅；**如果說阿賴耶識滅，那麼，這種說法就與外道斷滅論無異。**

大慧！現識（阿賴耶識）與分別事識（七轉識）二者無異，相互為緣。是不一不異的，是展轉相因的。

大慧！現識以不思議熏變為因；分別事識以分別境界及無始戲論習氣為因。

大慧！阿賴耶識虛妄分別種種習氣滅，即一切根識滅，是名相滅。

大慧！相續滅者，謂所依因滅及所緣滅，即相續滅。所依因者，謂無始戲論虛妄習氣。所緣者，謂自心所見分別境界。

大慧！譬如泥團與微塵非異非不異，金與莊嚴具亦如是。

大慧！若泥團與微塵異

大慧！現識以不可思議薰變為因而起變現功用；分別事識以對境界妄想分別和無始的戲論習氣為原因。

大慧啊！阿賴耶識的各種不實妄想分別習氣滅，也就是一切根識滅，這是相滅。

大慧啊！連續滅也有原因，原因指所依和所緣。所依是無始的戲論惡劣習氣，所緣是自心所現境界中的妄想分別。

大慧啊！例如泥團與微塵，既不同又相同。金子與金飾品也是如此。

大慧啊！如果泥團異於微塵，那麼，泥團不由者，應非彼成，而實彼成，是故不異。若不異者，泥團微塵應無分別。

大慧！轉識、藏識若異者，藏識非彼因；若不異者，轉識滅藏識亦應滅；然彼真相不滅。

大慧！識真相不滅，但業相滅，若真相滅者，藏識應滅；若藏識滅者，即不異外道斷滅論。」

佛言：「大慧！諸識有二種生住滅，非臆度者之所能知。

微塵構成。而泥團由微塵構成，因此，並非不同。如果並不同，那麼，泥團和微塵不應該有分別。

大慧啊！如果七轉識不同於阿賴耶識真相，那麼阿賴耶識不應該成為它們的原因；如果並非不同，七轉識滅也就是阿賴耶識滅；然而，真相實際上是如來藏的自相，如來藏的自相是不生不滅的。

大慧啊！沒有諸識的真相滅，但是有業相滅，如果有真相滅，那麼也就有阿賴耶識滅；如果有阿賴耶識滅，那麼，這種說法就與外道斷滅論無異。」

佛說：「大慧！外道的說法是：『停止執取境界，識的連續也就停止，識的連續停止，無始的連所謂相續生及相生，相續住及相住，相續滅及相滅。諸識有三相，謂轉相、業相、真相。大慧！識廣說有八，略則唯二，謂現識及分別事識。

「大慧！彼諸外道作如是說：『取境界相續識滅，即無始相續識滅。』大慧！彼諸外道說相續識從作者生，不說眼識依色光明和合而生，唯說作者為生因故。作者是何？彼計勝性丈夫自在時及微塵，為能作者。復次大慧！有七種自性，

續也就斷滅。』大慧！外道依據作因講述連續的產生，他們講述眼識不是產生於色和光的和合，而是另外有原因，什麼原因呢？就是勝性（原質）、士夫、自在、時、微塵為能作者。還有，大慧！有七種自性，所謂：**集自性**（萬事萬物是因緣而生、因緣和合起來，因跟緣結合起來叫集，集性自性。）、**性自性**（這種本質是原來就有的，或者說什麼是萬事萬物的本質，它的功能就是它的本質，這叫性自性。）、**相自性**（諸法萬事萬物都有各自的相狀、各自不同的差別，這種相狀不同的本質叫相自性。）、**大種自性**（地、水、火、風四大種各個都有它的自性，叫大種自性。）、**因自性**、**緣自性**、**成自性**（既有四大，即從因緣所成，故言因自性、

所謂：集自性，性自性，相自性，大種自性，因自性，緣自性，成自性。

復次大慧！有七種第一義，所謂：心所行，智所行，二見所行，超二見所行，超子地所行，如來所行，如來自證聖智所行。大慧！此是過去未來現在一切如來、應、正等覺法自性第一義心；以此心成就如來世間出世間最上法，以聖慧眼，入自共相種種安立，其所安立不與外道惡見共。大

緣自性、成自性）。

此外，有七種第一義，所謂：心所行境界，智所行境界，二見所行境界，超二見所行境界，過佛子地境界，如來所行境界，如來自證聖智所行的境界。大慧！這是過去、未來和現在如來、阿羅漢、正等覺的性自性第一義心；以此心成就如來世間和出世間最上法，憑藉聖慧眼，確立具有自相和共相種種安立，他們所確立的不同於外道惡見。大慧！怎麼不同於外道惡見？由於不知道諸識的自心境界分別見，不知道唯自心所現，以有無自性為第一義作言論。大慧！我現在應當說，如果能了知境界如

慧！云何為外道惡見？謂不知境界自分別現，於自性第一義，見有見無而起言說。大慧！我今當說，若了境如幻、自心所現，則滅妄想三有苦及無知愛業緣。

大慧！有諸沙門婆羅門，妄計非有及有於因果外顯現諸物，依時而住；或計蘊、界、處依緣生住，有已即滅。大慧！彼於若相續、若作用、若生、若滅、若諸有、若涅槃、若道、若業、若果、若諦，是破壞斷

幻，都是自心所現，就能滅除由分別三界產生的痛苦，及滅除無明、貪愛、業及諸緣。

大慧！有些沙門和婆羅門相信原本沒有的事物依據因果顯現，依據時間確立；有些計著蘊、界和處依據緣起產生和確立，而形成後，又毀滅。大慧！他們對連續、作為、產生、毀壞、存在、涅槃、道、業、果和真諦持有斷滅論。為何會如此呢？為什麼？**他們沒有獲得親證，看不到諸法根本**。大慧！破碎的瓶不能產生瓶的功用，燒焦的種子不能

滅論。何以故？不得現法故，不見根本故。大慧！譬如瓶破不作瓶事，又如燋種不能生牙；此亦如是，若蘊、界、處法已現當滅，應知此則無相續生，以無因故，但是自心虛妄所見。

復次，大慧！若本無有識三緣合生，龜應生毛、沙應出油，汝宗則壞，違決定義，所作事業悉空無益。大慧！三合為緣是因果性，可說為有，過現未來從無生有，此依住覺想地者，所有理教及自惡見熏習

發芽；同樣，蘊界處諸法雖生即滅，應知這些諸法是無自性，只是自心虛妄分別所見。

此外，大慧！如果本無有識，三緣和合起作用而產生，不存在的龜毛也能產生，沙子也能出油，這樣你所依據的理論就不能成立了，這與佛法之究竟義是相違背的，所作的事業也是徒勞無益的。大慧！外道說三緣和合，依據因果自相性，宣示存在有過去、未來和現在有無相，他可以由覺生慧，由想生地，其決定即依其理教（「理」即因明學上

餘氣，作如是說。大慧！愚癡凡夫惡見所噬邪見迷醉，無智妄稱一切智說。

大慧！復有沙門婆羅門，觀一切法皆無自性，如空中雲、如旋火輪、如乾闥婆城、如幻、如焰、如水中月、如夢所見，不離自心；由無始來虛妄見故取以為外。作是觀已斷分別緣，亦離妄心所取名義，知身及物并所住處，一切皆是藏識境界，無能所取及生住滅，如是思惟恒住不捨。」

之法則為「教」，即教法。）著自己的邪見習氣而這樣說。大慧！諸愚癡凡夫為惡見所迷，被惡見吞噬，將無知者的教導說成是一切智說。

大慧！另外有一些沙門、婆羅門看到了一切諸法皆無自性，有如空中的雲，又如飄忽不定之火焰、乾闥婆城，如夢如幻如焰，如水中月，如夢中所見到的一切，均不離自心；由無始妄見熏習，它們的自性是心的外現，如此思維觀察諸法，斷除各種分別之見，也遠離虛妄心所取的一切名義，了知自身及一切事物無各種生住滅，都是藏識之所顯現，既無能取，也無所取，這樣作思維恆於此住、未嘗捨離。」

第02品　集一切法品第二之二

如來藏與外道之神我有何不同？

【要義】

此品說藏識及聖智五法，相、名、妄見都是由阿賴耶識藏識建立起來的。如如就是如來藏，是不受污染的心識狀態。雖然識浪都是外境的風引起來的，但細分，還是有各自不同的性質。壞相俱轉，是不能達到無分別的境界。此本亦指出一切眾生可分五種種性，不同種性的人，獲不同的修行果位。

接著，將人的心識比喻大海，本來如來藏是自然法爾清淨的，海水和波浪只是現象和作用不同，因為它們同是海水，本沒有差別的。心跟識也是這樣，只是體跟用上的差別，根本上沒有什麼不同。

大慧菩薩問佛，是否能夠說明心的實體。佛答心識本體是不可說的，只有證得，佛說了那麼多法門，無非是應機引導眾生自己去修證，悟自己的如來藏。

後面講三自性。三自性在法相唯識宗很重要，對禪宗及探討如來藏也都非常重要。另明二無我，也是如來藏藏識的重要內容。在一切法上要善於看到二無我，二種無我相。

佛又說明如來藏不同於外道所說之神我。外道依據造物有無，看到無常性，而憑藉推理確定常，看到無常的現象，計量推測，妄想一個常與不思議出來。應遠離一切心意識名相妄想，這就是大菩薩之法無我智。

爾時大慧菩薩摩訶薩復白佛言：「世尊！唯願為我說心、意、意識五法自性相眾妙法門，此是一切諸佛菩薩入自心境離所行相，稱真實義諸佛教心。唯願如來為此山中諸菩薩眾，隨順過去諸佛，演說藏識海浪法身境界。」

爾時世尊告大慧菩薩摩訶薩言：「有四種因緣眼識轉。何等為四？所謂：不覺自心現而執取故，無始時來取著於色虛妄習氣故，識本性如是故，

那時大慧菩薩又對佛說：「世尊！請為我宣示心、意、意識、五法、自性和相的美妙法門，這法門為諸佛和菩薩所奉行，擺脫自心所現境界，破除一切言說和道理真實相，顯示的都是一切佛的心地法門。請你為住在摩羅耶山楞伽城的諸菩薩，隨順過去諸佛，講述阿賴耶識海浪法身境界。」

那時，世尊告訴大慧菩薩及諸大菩薩說：「有四種因緣，所以眼識轉。哪四種呢？一者**不覺知外境是自心之所顯現，而虛妄分別執著**，二者**從無始以來，為色之妄想所迷惑熏習**，三者**識之自性即在於思量、了別**，四者**喜樂見諸色相**。大慧！正是

樂見種種諸色相故。大慧！以此四緣，阿賴耶識如瀑流水，生轉識浪。如眼識，餘亦如是。於一切諸根微塵毛孔眼等，轉識或頓生，譬如明鏡現眾色像；或漸生，猶如猛風吹大海水。心海亦爾，境界風吹起諸識浪，相續不絕。

大慧！因所作相非一非異，業與生相相繫深縛，不能了知色等自性，五識身轉。大慧！與五識俱，或因了別差別境相有意識生，然彼諸識不作

由此四緣，阿賴耶識像瀑布一樣，流注不斷，產生轉識波浪。眼識是這樣，耳、鼻、舌、身諸識也是如此。一切諸根極微毛孔，眼等諸轉識，一時頓生種種的相，譬如明鏡一照，眾色像頓時顯現；或漸生，猶如風吹大海。如來藏心海也是如此，外境風吹，諸轉識則起，生起萬象，識浪不斷。

大慧！因（即第八之如來藏識）所作相（即餘七轉）既非一，亦非異，業識與根本識由是互相纏縛而不能脫，不能了知色自性，五識身轉出。大慧！與五識身一起，因為了別色等差別相而有意識生，然而，然而意識與餘識不怎麼想：『我們同時

是念：『我等同時，展轉為因。』而於自心所現境界，分別執著俱時而起，無差別相各了自境。大慧！諸修行者入於三昧，以習力微起而不覺知，但作是念：『我滅諸識入於三昧。』實不滅識而入三昧，以彼不滅習氣種故，但不取諸境，名為識滅。

大慧！如是藏識行相微細，唯除諸佛及住地菩薩，其餘一切二乘外道定慧之力皆不能知。唯有修行如實行者，以

互為原因。』執著自心所現妄想分別而轉出，無差別相各了自境。大慧！有些修行者入於三昧時，不覺知行動微妙的習氣轉出，但他們這樣想：『我已滅諸識，入於三昧境界。』而實際上，他們沒有滅除諸識而入定，他們沒有滅除習氣種子，因而沒有滅除諸識，他們所謂的滅除只是不執取境界活動。

大慧！阿賴耶識行動微妙，除了佛和大菩薩以外，其他修二乘及諸外道之禪定、智慧修行者都難以理解。只有修習如實行者，以其智慧，方能了知諸地性相，善達種種句義，無邊佛所廣集善根，不

智慧力了諸地相善達句義，無邊佛所廣集善根，不妄分別自心所見，能知之耳。大慧！諸修行人宴處山林上中下修，能見自心分別流注，得諸三昧自在力通，諸佛灌頂菩薩圍繞，知心、意、意識所行境界，超愛業無明生死大海，是故汝等應當親近諸佛菩薩，如實修行大善知識。」

爾時世尊以頌答曰：

「青赤諸色像，浪中不可得；言心起眾相，開悟諸凡夫。

虛妄分別取著自心所見，是為能知。大慧！諸修行者安居山林而專作觀修，修行下、中和上等瑜伽，能見自心之兩種生住滅，得無量自在力神通三昧，諸佛為其灌頂授記，知心、意、意識自心境界，離脫愛業無明生死大海，所以，你們應當親近諸佛菩薩，如實修行大善知識。」

這時候佛以偈答復大慧菩薩：

「那些波浪中並沒有青和紅各種色，只是為愚夫說相，而將心說成這樣。如來藏清淨心本無有生而彼本無起，自心所取離；能取及所取，與彼波浪同。身資財安住，眾生識所現；是故見此起，與浪無差別。」

爾時大慧復說頌言：

「大海波浪性，鼓躍可分別；藏識如是起，何故不覺知？」

爾時世尊以頌答曰：

「阿賴耶如海，轉識同波浪；為凡夫無智，譬喻廣開演。」

起，只是眾生虛妄分別、虛妄執著；**一切能取及所取，與大海波浪毫無二致；一切眾生及以一切資生財物，是由眾生之心識虛妄分別所現**；因此**一切諸法與大海波浪毫無差別**。」

大慧菩薩又問佛：

「用大海和波浪的現象關係，來比喻我們的藏識和心浪也是這樣子的，但是波浪和海水活動的現象很明顯可以分別出來；而業和藏識關係也是這個關係，為什麼人們卻感覺不到呢？」

佛回答說：

「阿賴耶識如同大海，與波浪同法，這是鑑於愚夫無智慧，用作譬喻使他們容易明白。」

「復次，大慧！菩薩摩訶薩若欲了知能取所取分別境界，皆是自心之所現者，當離憒鬧昏滯睡眠，初中後夜勤加修習；遠離曾聞外道邪論及二乘法，通達自心分別之相。」

佛言：「大慧！有一類外道，見一切法隨因而盡，生分別解，想兔無角起於無見，如兔角無，一切諸法悉亦如是。復有外道，見大種、求那、塵等諸物形量分位各差別已，執兔無角，於此而生牛有角想。

「此外，大慧！大菩薩想要了知能取和所取分別境界，皆是自心之所現者，應該遠離喧鬧、社交和昏睡種種障礙，應該於初夜、中夜和後夜勤加修習；遠離曾所聽聞外道、二乘之法，**了達諸法皆是自心分別之相**。」

佛說：「大慧！有一種外道，見一切法隨因而滅，遂生分別想，兔本無角，起於無見，如兔角無，一切諸法也是這樣。又有外道，看到大種（四大種，地水火風）、求那（德性，萬事萬物生成的原因）、一切根身等形量千差萬別，執著無兔角，而設想有牛角。大慧！此墮虛妄分別之見，不明了萬法唯是自心，但於自心妄加分別。大慧！一切眾生及國土大慧！彼墮二見不了唯心，但於自心增長分別。大慧！身及資生器世間等，一切皆唯分別所現。大慧！應知兔角離於有無，諸法悉然，勿生分別。云何兔角離於有無？互因待故，分析牛角乃至微塵，求其體相終不可得，聖智所行遠離彼見，是故於此不應分別。」

爾時大慧菩薩摩訶薩復白佛言：「世尊！彼豈不以妄見起相，比度觀待妄計無耶？」

佛言：「不以分別起相待

世間，一切正報及與依報，**一切諸法皆是自心虛妄分別所現**。大慧！應知兔角脫離有無，一切事物也是如此，不應該妄想分別。為什麼說**兔角離於有無**呢？因為是**相對待**，**分析牛角一直到微塵，求其體相終不可得，聖智遠離此種種有無之見**，因此，於此不應妄加分別。」

那時，大慧菩薩又對佛說：「世尊！大慧菩薩問，是不是我們看到不生相，比如看到兔沒有角，於是就思量這個不生相，因而計著妄想為無呢？」

佛答道：「**不以分別心生起互相對待來說無**。

以言無。何以故？彼以分別為生因故，以角分別為其所依，所依為因離異不異，非由相待顯兔角無。大慧！若此分別異兔角者，則非角因；若不異者，因彼而起。大慧！分析牛角乃至極微，求不可得；異於有角言無角者，如是分別決定非理。二俱非有誰待於誰？若相待不成，待於有故言兔角無，不應分別，不正因故。有無論者執有執無，二俱不成。

復次，大慧！外道常不思

為什麼呢？妄見者以虛妄分別為生因，以角之有無作為分別的依據，由於以這種依據為原因，由於脫離既不同又相同，並非是由於相待而顯兔角無。大慧啊！若此分別不同於兔角者，則不是兔角的因；若說相同，則分別實際上是由角的數量而成。大慧啊！分析牛角以至於各種事物，都是無自性求不可得的；相對於有角而說無角，這樣的分別不合於道理。牛角兔角均無自性，都不可求，又是誰待於誰呢？如果相待不能成立，相對於有因此說兔角無，不應妄加分別，那都是沒有理論根據的。所以這兩種論證都是落入有無兩邊，**說有說無、執有執我，都是不能成立的**。

此外，大慧！外道們所說的常不思議，以無常

議，以無常異相因故常，非自相因力故常。大慧！外道常不思議，以見所作法有已還無，無常已比知是常；我亦見所作法有已還無，無常已不因此說為常。大慧！外道以如是因相成常不思議，此因相非有，同於兔角故，常不思議唯是分別，但有言說。何故彼因同於兔角？無自因相故。大慧！我常不思議，以自證為因相，不以外法有已還無無常為因；外道反此，曾不能知常不思議自因

變異為因，不是自相為因。大慧！外道們說的常不思議，就是外道也看到這些無常的現象，但是他思量計常，就妄想一個常出來。大慧！按照這種理由，我也可以依據造物有無，看到無常性，而憑藉無原因確定常。大慧！**外道以此等無常因相說常不思議，此因相本身即不真實，如同兔角，故其所說常不思議唯是妄想言說**，為什麼呢？其因相非是常因，如同兔角故。大慧！我所說的常不思議以自證聖智為因，不以外法之無常變易為因；外道則與此相反。實際上，如果不懂得自因之相離有無、超情識，而妄計在於自證聖智所行相外，這些遠離自覺聖智境界相，不應該說。

之相，而恒在於自證聖智所行相外，此不應說。

復次，大慧！諸聲聞畏生死妄想苦而求涅槃，不知生死涅槃差別之相，一切皆是妄分別有，無所有故，妄計未來諸根境滅以為涅槃，不知證自智境界轉所依藏識為大涅槃，彼愚癡人說有三乘，不說唯心無有境界。大慧！彼人不知去來現在諸佛所說自心境界，取心外境，常於生死輪轉不絕。

復次，大慧！去來現在諸

還有，大慧！**諸聲聞因懼怕生死輪迴之苦而追求涅槃，不知生死涅槃差別之相，是虛妄分別的結果，妄以灰身滅智、諸根境滅為涅槃，不知證自智境、轉染成淨為大涅槃**，所以凡夫愚昧說佛法有三乘之別，說心量可以進入無所有的境界。大慧！**他們不通曉過去、未來和現在一切如來自心所現境界**，執著心外所現境界，在生死輪迴中流轉。

還有，大慧啊！過去、未來、現在三世諸佛說如來說一切法不生。何以故？自心所見非有性故，離有無生故，如兔馬等角凡愚妄取，唯自證聖智所行之處，非諸愚夫二分別境。大慧！身及資生器世間等，一切皆是藏識影像，所取能取二種相現；彼諸愚夫，墮生住滅二見中故，於中妄起有無分別。大慧！汝於此義當勤修學。

復次，大慧！有五種種性。何等為五？謂：聲聞乘種性，緣覺乘種性，如來乘種性，不

一切法不生。為什麼呢？因為**一切諸法都是自心所現，因為離有生、無生二種見，譬如兔、馬之角愚癡凡夫妄取，唯有自證聖智所證境界，非愚夫有無分別境界**。大慧！眾生及其所依住之器世間，一切皆是藏識影像，能所二取之所變現；愚夫的心思陷入生、住和滅二見，於中妄起有無分別之見。大慧啊！你應該這樣勤加修學。

還有，大慧啊！有**五種現證種性**。眾生根器不同，他的證量也就不同。哪五種種性？**聲聞乘現證種性，緣覺乘現證種性，如來乘現證種性，不定**

定種性，無種性。大慧！云何知是聲聞乘種性？謂若聞說於蘊、界、處自相共相，若知若證，舉身毛豎心樂修習，於緣起相不樂觀察，應知此是聲聞乘種性；彼於自乘見所證已，於五六地斷煩惱結，不斷煩惱習，住不思議死。正師子吼言：『我生已盡，梵行已立，所作已辦，不受後有。』修習人無我，乃至生於得涅槃覺。大慧！復有眾生求證涅槃，言能覺知我人眾生養者取者，此是涅

種性和無種性。大慧啊！怎麼知道是聲聞乘現證種性？聞聽和證得蘊、界、處自相和共相，高興得身上毛孔都張開來了，**樂於修習這種斷煩惱智相，不再進修徹悟緣起無生之相，應知這是聲聞乘現證種性；見到聲聞乘現證，在第五、六地，生死煩惱斷了，但是煩惱的習氣，就是法我執還沒有斷，未能超越不思議變易生死**。發出正獅子吼：『我生已盡，梵行已立，所作已辦，不受後有。』說完這些，他修習人無我，直至覺知涅槃。大慧啊！還有一類眾生求證涅槃，妄計覺知認為有我、眾生、壽命、養育者等，說這是涅槃；另有一類眾生，看到一切法依靠造物者，覺知涅槃。大慧啊！他們不能看到法無我，因此並非解脫。這是聲聞乘現證種性及外

槃；復有說言，見一切法因作者有，此是涅槃。大慧！彼無解脫，以未能見法無我故。此是聲聞乘及外道種性，於未出中生出離想，應勤修習捨此惡見。

大慧！云何知是緣覺乘種性？謂若聞說緣覺乘法，舉身毛豎悲泣流淚，離憒　緣無所染著。有時聞說現種種身，或聚或散神通變化，其心信受無所違逆，當知此是緣覺乘種性；應為其說緣覺乘法。

道種性，沒有出離，但自以為出離了，你應該修行，擺脫這種邪見。

大慧！怎麼知道是緣覺乘種性？就是聞聽緣覺乘現證，高興得流淚，身上汗毛豎起，遠離憒鬧吵雜的種種因緣無所染著。有時聞說現種種身，或一身分為多身，或多身合為一身，神通變化，一心信受此緣起法無所違背，應當知道這是緣覺乘種性，應為其說緣覺乘法。

大慧！如來乘種性所證法有三種，所謂：自性無自性法，內身自證聖智法，外諸佛剎廣大法。大慧！若有聞說此一一法及自心所現身財建立阿賴耶識不思議境，不驚不怖不畏，當知此是如來乘性。

大慧！不定種性者，謂聞說彼三種法時，隨生信解而順修學。大慧！為初治地人而說種性，欲令其入無影像地，作此建立。大慧！彼住三昧樂聲聞，若能證知自所依識，見法

大慧！如來乘種性所證法有三種，一是自性無自性法，二是內身自證聖智法，三是外諸佛剎廣大法。大慧！聞聽這三種之一，聞聽自心所現身體建立阿賴耶識阿賴耶識不可思議境界，不驚恐，不恐懼，不畏懼，應該知道這是如來乘現證種性。

大慧！不定種性者，是指聞聽這三種種性，隨生信人，順學而成，其性可移而不固定，稱不定種性。大慧！都是為了初發心修行的人漸次證入諸法畢竟無所有的實相地而建立的。大慧！這樣的聲聞乘種性，如果能證知識性，見法無我，斷煩惱結，最終當入佛地，得如來身。

無我淨煩惱習，畢竟當得如來之身。

復次，大慧！菩薩摩訶薩當善知三自性相。何者為三？所謂：妄計自性，緣起自性，圓成自性。大慧！妄計自性從相生。云何從相生？謂彼依緣起事相種類顯現，生計著故。大慧！彼計著事相，有二種妄計性生，是諸如來之所演說，謂：名相計著相，事相計著相。大慧！事計著相者，謂計著內外法；相計著相者，謂即彼內

還有，大慧啊！**大菩薩應該通曉三種自性相**。何謂**三自性相**？即**妄計自性、緣起自性**和**圓成自性**。大慧！妄計自性從諸法之形相生。如何從諸法之形相生？謂其從因緣而起的現象中，起種種執著。大慧！此種執著於緣起事相之妄計性，更可分為二種，這就是諸佛所說的**名相執著**和**事相執著**。大慧！所謂事相執著者，即執著於內外法；所謂名相執著者，即於內外法中執著於自相和共相。此即是二種妄計自性相。大慧！諸法從因緣而生，此即名緣起自性。**何謂圓成實性？謂離名相事相一切分別，自證聖智所行之真如境界，大慧！這就是如來**

外法中計著自共相；是名二種妄計自性相。大慧！從所依所緣起，是緣起性。何者圓成自性？謂離名相事相一切分別，自證聖智所行真如。大慧！此是圓成自性如來藏心。

復次，大慧！菩薩摩訶薩當善觀察二無我相。何者為二？所謂：人無我相，法無我相。大慧！何者是人無我相？謂：蘊、界、處離我我所，無知愛業之所生起眼等識生，取於色等而生計著；又自心所見

藏自性清淨心。

此外，大慧！大菩薩應當善於觀察、了知二無我相。何謂二無我相？所謂**人無我相**、**法無我相**。大慧！何謂人無我相？謂五蘊、十二處、十八界一切諸法，離我及我所，一切無知愛業之所生起，眼等諸識取著於色而虛妄執著；自心所見一切國土世間，都是如來藏自性清淨心所顯現，剎那相續，念念不住，如河流、如種子、如燈焰、如猛風、如

身器世間，皆是藏心之所顯現，剎那相續變壞不停，如河流、如種子、如燈焰、如迅風、如浮雲，躁動不安如獼猴，樂不淨處如飛蠅，不知厭足如猛火，無始虛偽習氣為因，諸有趣中流轉不息如汲水輪，種種色身威儀進止，譬如死屍呪力故行，亦如木人因機運動，若能於此善知其相，是名人無我智。

大慧！云何為法無我智？謂知蘊、界、處是妄計性，如蘊、界、處離我我所，唯共積

浮雲，躁動如猿猴，心猿意馬，像蒼蠅一樣喜歡污穢的地方，不知自止如火，都是由無始以來無明種子熏的，生死輪迴，生出各類之身，六道眾生嘛，像魔術一樣的，像神咒一樣的，機關一發動，便生起種種形像。如同汲水輪在生死輪迴中流轉，持種種身種種色迴轉，譬如死屍借助於咒術之力而得運行，也就像木頭人借助於機關運轉，若能善於通曉這種現象，稱為人無我智。

大慧！甚麼是法無我智？就是觀察五陰（蘊）、十八界、十二入都是妄想所現之相，如蘊界處空無我、我所，唯共積集煩惱業故，如以業愛

聚愛業繩縛，互為緣起無能作者，蘊等亦爾離自共相，虛妄分別種種相現，愚夫分別非諸聖者，如是觀察一切諸法，離心、意、意識五法自性，是名菩薩摩訶薩法無我智。」

爾時世尊復告大慧菩薩摩訶薩言：「大慧！此空、無生、無自性、無二相，悉入一切諸佛所說修多羅中，佛所說經皆有是義。大慧！諸修多羅隨順一切眾生心說，而非真實在於言中，譬如陽焰誑惑諸獸令生

之繩自縛，由因緣輾轉相生，實在是無我無作者，一切諸法也是這樣離自相共相，由虛妄分別，種種相現，愚夫妄加分別，非諸聖者之智見，這樣觀察一切諸法，**遠離一切心意識名相妄想，是名大菩薩法無我智。**」

然後，世尊又對大慧菩薩說：「大慧啊！空性、無生、無自性相和不二相包含在一切佛的一切經中，佛經中都會闡述這種意義。大慧啊！**這種經為順應一切眾生的心意而宣說，但其真實義不在於文字言句之中**，譬如春時陽焰，誘惑諸獸生水想，而實無水，眾經所說也是這樣。**隨諸眾生之根機智慧，而有種種說法，為令各類眾生皆得歡喜，方便**

水想而實無水，眾經所說亦復如是。隨諸愚夫自所分別令生歡喜，非皆顯示聖智證處真實之法。大慧！應隨順義莫著言說。」

爾時大慧菩薩摩訶薩白佛言：「世尊！修多羅中說如來藏本性清淨，常恒不斷無有變易，具三十二相，在於一切眾生身中，為蘊、界、處垢衣所纏，貪、恚、癡等妄分別垢之所污染，如無價寶在垢衣中。外道說我是常作者，離於求那

趣入，並非佛經中所說的每句話，都是顯示佛教真實義。大慧！你應當依義莫依於語言文字。」

接著，大慧菩薩對佛說：「世尊！有些經中說如來藏本性清淨，常恒不斷無有變易，具有三十二相，在於一切眾生身體中，而陷入蘊、界和處種種事物中，受貪、瞋、痴和不實妄想和污染，猶如昂貴的寶石陷入污穢事物中。世尊啊！這種如來藏說與外道的自我說有什麼不同？世尊啊，外道的自我說也宣稱有恆常不變的神我，能造作眾生五蘊等，離於求那（不依靠一切緣，周遍不滅的。「求那」

自在無滅。世尊所說如來藏義，豈不同於外道我耶？」

佛言：「大慧！我說如來藏，不同外道所說之我。大慧！如來、應、正等覺，以性空、實際、涅槃、不生、無相無願等諸句義，說如來藏，為令愚夫離無我怖，說無分別無影像處如來藏門，未來現在諸菩薩摩訶薩，不應於此執著於我。大慧！譬如陶師於泥聚中，以人功水杖輪繩方便作種種器；如來亦爾，於遠離一切分別相

是眾緣、條件。）無有生滅，現在世尊所說如來藏義，豈不與外道所說相同？」

佛說：「大慧！**如來藏不同於外道所說之神我**。大慧！如來以性空、實際、涅槃、不生、無相、無願等義說如來藏，為令愚夫離無我之怖畏，於無所有境界說如來藏門。未來、現在諸大菩薩不應於此執為有我，如陶匠於泥水中，以輪繩、水杖、人功作種種器，如來也是這樣，於法無我中，以隨機攝化，方便說法，或說如來藏，或說無我，種種名稱各各不同。大慧！我說如來藏，為攝化執著於我之諸外道，使其離於妄見，入三解脫，速得無上正等正覺。所以諸佛所說之如來藏，不同於外道所說之神我，若欲離於外道見者，應知無我、如來藏

無我法中，以種種智慧方便善巧，或說如來藏，或說為無我，種種名字各各差別。大慧！我說如來藏，為攝著我諸外道眾，令離妄見入三解脫，速得證於阿耨多羅三藐三菩提，是故諸佛說如來藏，不同外道所說之我。若欲離於外道見者，應知無我如來藏義。」

義。」

第02品 集一切法品第二之三

佛所說的真實義，
應當依義還是依於語言文字才能了悟呢？

【要義】

前面講了五法，相、名、妄想、正智、如如。妄想是五法中一個法，又叫分別。有為法都是由於意識上的分別而起的。由分別而起的法都是妄想，妄想和分別是同義詞。佛說如何離開言說妄想的法門，懂得這個法門，則能通達言說所說二種義。到了加行位菩薩修習的時候，要排除言說妄想的遍計的習氣，才能夠通達能說的和所說的這兩種義趣的道理，由加行位就進入通達位，這樣才能證得無上菩提。妄想是五法中一個法，又叫分別，由分別而起的法都是妄想，妄想就是分別。所有的外相，全部都沒有第一義，第一義不必依靠概念名言施設就存在，第一義者是聖智內自證境，是非言語分別智境，不是用言語分別而能說出來。說明四種言說妄想，進一步講它們所表現的境界。在證得如來藏之前，就要遠離四句。

此品亦說四種禪：愚夫所行禪、觀察義禪、攀緣真如禪和如來禪。

爾時大慧菩薩摩訶薩復白佛言：「世尊！願為我說言說分別相心法門。我及諸菩薩摩訶薩善知此故，通達能說所說二義，疾得阿耨多羅三藐三菩提；令一切眾生於二義中而得清淨。」

佛言：「大慧！有四種言說分別相。所謂：相言說，夢言說，計著過惡言說，無始妄想言說。大慧！相言說者，所謂執著自分別色相生。夢言說者，謂夢先所經境界，覺已憶

那時，大慧菩薩又對佛說：「世尊！請為我們說言說分別相心法門。由於我及諸大菩薩善於了知此言說分別相，通達能說所說二義，速得無上正等正覺；令一切眾生於此二義中清淨而得成佛道。」

佛說：「大慧！有**四種言說分別相**。就是所謂：**相言說**、**夢言說**，**計著過惡言說**，**無始妄想言說**。大慧！所謂相言說者，就是自妄想色相計著而生。所謂夢言說者，就是依夢等不實境界而生。所謂計著過惡言說者，就是先怨所作業隨憶念而生。所謂無始言說相者，就是無始戲論、煩惱種子熏習

念，依不實境生。計著過惡言說者，謂憶念怨讎先所作業生。無始妄想言說者，以無始戲論妄執習氣生。是為四。」

大慧復言：「世尊！願更為說言語分別所行之相。何處？何因？云何而起？」

佛言：「大慧！依頭胸喉鼻、脣齶齒舌和合而起。」

大慧復言：「世尊！言語分別，為異不異？」

佛言：「大慧！非異非不

而生。這就是四種言說分別相。」

大慧又對佛說：「世尊！請為我們說言語分別所行之相，何處？何因？因何而起？」

佛說：「大慧！言語就是這樣而來的，是依頭、胸、喉嚨、鼻子、嘴唇、下巴、牙齒、舌頭和合而起。」

大慧又問：「世尊！言語跟分別是一樣還是不一樣？」

佛說：「大慧！既不是不一樣，也不是一樣。

異。何以故？分別為因起言語故，若異者，分別不應為因，若不異者，語言不應顯義，是故非異亦非不異。」

大慧復言：「世尊！為言語是第一義？為所說是第一義？」

佛告大慧：「非言語是，亦非所說。何以故？第一義者是聖樂處，因言而入，非即是言。第一義者是聖智內自證境，言語分別智境，言語分別不

為什麼這麼說呢？因為已經有分別了，然後才說話，假如言說與分別不一樣的話，就不應是因分別而起言說，如果說言說與分別一樣的話，分別並不顯義，那麼言說也應不顯義，但言說是能顯義的。因此，言說與分別既一樣又不一樣。」

大慧又問佛：「世尊！那麼言語是第一義呢？還是所說是第一義？」

佛對大慧菩薩說：「語言與所說均非第一義。為什麼呢？第一義是已經到達聖樂的地方，因為語言進入，但不是語言本身。第一義就是佛已經內自證的那個境界，不是語言分別智境界，言語分別是不能顯示的。

能顯示。大慧！言語者起滅動搖展轉因緣生，若展轉緣生，於第一義不能顯示。第一義者無自他相，言語有相不能顯示。第一義者但唯自心，種種外想悉皆無有，言語分別不能顯示。是故，大慧！應當遠離言語分別。」

爾時世尊重說頌言：

「諸法無自性，亦復無言說；不見空空義，愚夫故流轉。一切法無性，離語言分別；諸有如夢化，非生死涅槃。如王

大慧！因為言語生滅不定，展轉因緣生，如果是展轉因緣生，言語就不能顯示第一義。第一義沒有自相，沒有他相，言語有形相，所以不能顯示。第一義只有證入自性真心，心外無法，**所有的外相，全部都沒有第一義，言語分別不能顯示**。所以，大慧！應當遠離言語分別。」

那時，世尊重說頌曰：

「諸法無自性，亦無有言說；**不見性空無自性義，因此愚夫流轉於生死。一切法無性，離言說分別；萬有如夢如幻，生死涅槃無一定之相**。譬如大王長者，為使諸子高興，**先給予相似之物，後再賜**

及長者，為令諸子喜；先示相似物，後賜真實者。我今亦復然，先說相似法；後乃為其演，自證實際法。」

「復次，大慧！有四種禪。何等為四？謂：愚夫所行禪，觀察義禪，攀緣真如禪，諸如來禪。大慧！云何愚夫所行禪，謂聲聞緣覺諸修行者，知人無我，見自他身骨鎖相連，皆是無常苦不淨相。如是觀察堅著不捨，漸次增勝至無想滅定，是名愚夫所行禪。云何觀察義

予真實之寶。我現在也是一樣，先說相似法；然後才為你們宣說自證聖智法門。」

「此外，大慧！有四種禪。哪四種呢？有**愚夫所行禪**，**觀察義禪**，**攀緣真如禪**，**諸如來禪**。

大慧！什麼是愚夫所行禪，謂聲聞、緣覺諸修行者，知人無我，見自己及他人肉身骨鎖相連，皆是無常、苦、不淨，如是觀察堅固不捨，由此漸增進至滅受想定的無想無念境界，這就叫做愚夫所行禪。

如何是觀察義禪？除了知道人無我、自相和共相之外，還認為外道的自己和他者兩者無性不實，

禪？謂知自共相人無我已，亦離外道自他俱作，於法無我諸地相義，隨順觀察，是名觀察義禪。云何攀緣真如禪？謂若分別無我有二是虛妄念，若如實知彼念不起，是名攀緣真如禪。云何諸如來禪？謂入佛地住自證聖智三種樂，為諸眾生作不思議事，是名諸如來禪。」

爾時大慧菩薩摩訶薩復白佛言：「世尊！諸佛如來所說涅槃，說何等法名為涅槃？」

佛告大慧：「一切識自性

依次觀察法物無我和諸地相，這就叫做觀察義禪。

如何是攀緣真如禪？執著於前面二種禪境，而妄分別二種「無我」，即是虛妄之念，若能如實了知彼虛妄之念，並不令生起，這就叫做攀緣真如禪。

如何是諸如來禪？謂得如來地自證聖智三種樂，為利益眾生而示現不可思議之業用，這就叫做諸如來禪。」

那時，大慧菩薩又對佛說：「世尊！諸佛如來所說涅槃，請為我們說什麼樣的法是涅槃呢？」

佛對大慧說：「一切自性業識所生的習氣，及

習氣，及藏識、意、意識見習轉已，我及諸佛說名涅槃，即是諸法性空境界。復次，大慧！涅槃者，自證聖智所行境界，遠離斷常及以有無。云何非常？謂離自相共相諸分別故。云何非斷？謂去來現在一切聖者自證智所行故。復次，大慧！大般涅槃不壞不死，若死者應更受生，若壞者應是有為，是故涅槃不壞不死，諸修行者之所歸趣。復次，大慧！無捨無得故，非斷非常故，不一不異

無始以來，薰習如來藏識（阿賴耶）和意識的妄見，諸佛和我證得的涅槃，就是自性諸法性空的境界。再者，大慧！**所謂涅槃，就是聖智自覺的境界，它是遠離斷見和常見等二邊對立的妄想觀念，及有無等見**。為什麼說它不是常見呢？因為它是遠離自相和共相等妄想分別。為什麼又說它不是斷見呢？因為過去、未來、現在的一切聖賢自覺內證涅槃的境界。再者，大慧！涅槃是不滅壞、無生死的，如果說涅槃是死，那就他還要再來，還要受生，如果會滅壞，仍然是有為法的一種，所以涅槃涅槃是不滅壞、無生死的，是一切修行者所歸依的。還有，大慧！沒有一法可捨也沒有一法可得，既非滅見也非常見，非一義，非種種義，這就是涅槃境界。其次，

故，說名涅槃。復次，大慧！聲聞緣覺知自共相捨離憒 ，不生顛倒不起分別，彼於其中生涅槃想。」

「復次，大慧！有二種自性相。何者為二？謂：執著言說自性相，執著諸法自性相。執著言說自性相者，以無始戲論執著言說習氣故起。執著諸法自性相者，以不覺自心所現故起。

爾時大慧菩薩摩訶薩復白佛言：「世尊！佛說緣起，是

大慧！聲聞和緣覺的涅槃，覺知自相和共相，遠離塵囂，於境界不起顛倒妄見，不妄想分別，這便是他們的涅槃智。」

「另外，大慧啊！有兩種自性相。哪兩種呢？**執著言說自性相**和**執著事物自性相**。所謂言說自性相的執著，就是無始以來的言語理論熏習的習氣積累而來，因此就產生了虛偽的執著習氣。所謂事自性相的執著，都是由於不覺自心妄想所現的各種差別境界，卻認為這些都是實在的。」

那時，大慧菩薩又對佛說：「世尊！世尊所說緣起，是由作起而非由心自體而起，外道也說勝性

由作起非自體起。外道亦說勝性、自在、時、我、微塵生於諸法。今佛世尊，但以異名說作緣起，非義有別。世尊！外道亦說以作者故從無生有；世尊亦說以因緣故一切諸法本無而生、生已歸滅，如佛所說，無明緣行乃至老死，此說無因非說有因。世尊說言此有故彼有，若一時建立非次第相待者，其義不成。是故外道說勝，非如來也。何以故？外道說因不從緣生而有所生。世尊所說，

（有造物主）、自在（大自在天）、時（有時間而生的）、我、微塵（有四大種而生的）。今佛與外道所說只是名稱有不同而已，而不是義理有所別。世尊啊！外道也描述萬物從無生有，有能歸無，就像世尊也說緣無明故有行，直至老和死，世尊描述的是無因說，而非有因說。世尊說『此有故彼有』，這是同時確立的說法，不是漸次相待確立的說法，其義不能成立。因此外道的說法而非世尊的說法優勝。為什麼呢？按照外道的說法，是原因而非緣起產生結果。世尊的說法，原因有待於結果，結果也有待於原因。原因和緣起混雜，陷入互相依待而無窮盡。世間所說的『此有故彼有』是無因說。」

果待於因因復待因，如是展轉成無窮過。又此有故彼有者，則無有因。」

佛言：「大慧！我了諸法唯心所現，無能取所取，說此有故彼有，非是無因及因緣過失。大慧！若不了諸法唯心所現，計有能取及以所取，執著外境若有若無，彼有是過，非我所說。」

大慧菩薩復白佛言：「世尊有言說，故必有諸法；若無諸法，言依何起？」

佛說：「大慧！我了達諸法唯自心所現，無能取所取，而說『此有故彼有』，並不陷入無因說以及原因和緣起混雜。大慧！**若不了達諸法唯心所現，執著能取和所取，以外境為若有若無，是他們陷入錯誤，然此非我所說。**」

大慧菩薩又對佛說：「世尊用言語來說話，所以一定有一切事物存在；如果事物不存在，那麼這個言說依何而起呢？」

佛言：「大慧！雖無諸法亦有言說，豈不現見龜毛、兔角、石女兒等，世人於中皆起言說。大慧！彼非有非非有，而有言說耳。大慧！如汝所說，有言說故有諸法者，此論則壞。大慧！非一切佛土皆有言說，言說者假安立耳。大慧！或有佛土瞪視顯法，或現異相，或復揚眉，或動目睛，或示微笑嚬呻謦欬憶念動搖，以如是等而顯於法。大慧！如不瞬世界、妙香世界及普賢如來佛土之

佛說：「大慧！**雖無一切事物，也有言說，豈沒聽過龜毛、兔角、石女兒等等言說在世上能見到**。大慧！**它們既非存在，也非不存在，只有言說而已**。大慧！如果像你所說的，一切事物存在依據言說存在，此說不成立。大慧！**並不是一切佛國剎土都要像我們這樣的言說，言說是假立而已**。大慧！有些佛土佛國，他不是用言語，而是用眼睛瞻視來說明法的。有的以動作表示，有的眉毛眼睛動一動，有的在微笑咳嗽，有的回憶國土，有的顫動而顯法。大慧！就像不瞬世界、妙香世界、及普賢如來佛土中，就以瞻視令這些菩薩就得到無生法忍和各種勝妙的三昧。大慧！並非由言說才有一切事物，這個世界上，蚊蠅和螻蟻等等這些生物，都不

中，但瞪視不瞬，令諸菩薩獲無生法忍及諸勝三昧。大慧！非由言說而有諸法，此世界中蠅蟻等蟲，雖無言說成自事故。」

「大慧！彼妄法中種種事物，非即是物亦非非物。大慧！即彼妄法，諸聖智者，心、意、意識諸惡習氣自性法轉依故，即說此妄名為真如，是故真如離於心識，我今明了顯示此句，離分別者，悉離一切諸分別故。」

言說而完成自己的事。」

「大慧！愚夫妄想分別種種事物，既非事物，也非非事物。大慧！聖者對於這種迷亂不起妄想分別，轉離心、意、意識、惡劣習氣、三自性和五法，能夠去掉它的過患，自性有漏的習氣都能夠捨掉，轉變自性，轉識成智，這就叫真如，因此，**真如離於心識**，我現在明白宣示這話的意思，離分別者，是因為擺脫一切分別。」

大慧菩薩白言：「世尊！所說妄法，為有為無？」

佛言：「如幻，無執著相故，若執著相體是有者，應不可轉，則諸緣起，應如外道說作者生。」

爾時大慧菩薩摩訶薩復白佛言：「世尊！如佛先說，一切諸法皆悉無生；又言如幻，將非所說前後相違？」

佛言：「大慧！無有相違。何以故？我了於生即是無生，唯是自心之所見故。若有若無

大慧菩薩又對佛說：「世尊所說的惑亂妄法，是有還是無呢？」

佛說：「妄法如幻，因為不執著相的緣故，如果把萬法如幻認為是實體，也就不會轉離，那就會如同緣起生，這是變成外道講的因緣法。」

那時，大慧菩薩又對佛說：「世尊！如果像佛所說的，一切事物無生；又說諸法如幻，豈不前後所說互相矛盾？」

佛說：「大慧！並不矛盾。為什麼呢？因為覺知生和不生唯自心所現。外界事物不存在，不生於有和無，是因為見其無性且本不生的緣故。大慧！

一切外法，見其無性本不生故。大慧！為離外道因生義故，我說諸法皆悉不生。大慧！外道羣聚共興惡見，言從有無生一切法，非自執著分別為緣。」

「復次，大慧！我當說名、句、文身相，諸菩薩摩訶薩善觀此相了達其義，疾得阿耨多羅三藐三菩提，復能開悟一切眾生。大慧！名身者，謂依事立名，名即是身，是名名身。句身者，謂能顯義決定究竟，是名句身。文身者，謂由於此

為了破除外道的作因生，我說一切事物無生。大慧！**外道充滿愚蠢，以為一切事物生於有和無，而不是緣於自己執著種種妄想分別。**」

「還有，大慧！我當為你說明名身、句身和音身，**所有大菩薩善於依據義、句和音，能迅速證得無上正等覺，從而開悟一切眾生**。大慧！所謂名身，是依靠事物而得名，名就是身，這就叫做名身。句身，是句義身的真實對象得以確定，這就叫做句身。文身者，謂由於此以顯示名與句，是名文身。還有，大慧啊！句身是確立句身。還有，大慧啊！句身是確立句身。所謂名身者，亦即諸字各各

能成名句，是名文身。復次，大慧！句身者，謂句事究竟。名身者，謂諸字名各各差別，如從阿字乃至呵字。文身者，謂長短高下。復次，句身者，如足跡，如衢巷中人畜等跡。名謂非色四蘊，以名說故。文謂名之自相，由文顯故。是名名、句、文身。此名、句、文身相，汝應修學。」

「復次，大慧！有二種覺智，謂：觀察智，及取相分別執著建立智。觀察智者，謂觀

差別，如從阿字直至呵字。文身者，即音韻屈曲長短高下等。此外，句身者，如足跡，如街巷中人及像馬諸牲畜之足跡，循其足跡即可找到人或畜。名身者，如受、想、行、識四蘊，非有形可見，故以名說。文身者，即是名之實性相，由文而顯。如此即是所謂的名句文身。這是名身、句身和音聲的名相，你應該學習。」

「此外，大慧！有二種覺智，即**觀察智**及**取相分別執著建立智**。觀察智者，依靠這種覺，觀察到事物自性相離四句而不可得。所謂四句，即：一

一切法，離四句不可得。四句者，謂：一異、俱不俱、有非有、常無常等。我以諸法離此四句，是故說言一切法離。大慧！如是觀法汝應修學。云何取相分別執著建立智？謂於堅、濕、煖、動諸大種性，取相執著虛妄分別，以宗、因、喻而妄建立，是名取相分別執著建立智。是名二種覺智相。菩薩摩訶薩知此智相，即能通達人、法無我，以無相智於解行地善巧觀察，入於初地得百三昧。

異、俱不俱、有無非有非無、常無常等。我以諸法離此四句，故說一切諸法皆不可得。大慧！如此觀察諸法，你應該用這四句觀察一切法。如何取相分別執著建立智？謂於堅、濕、煖、動（地、水、風、火）四大種相，虛妄分別，妄想執著，以宗因喻五分法，成於不實而妄建立，這就是取相分別執著建立智。這就是二種覺智相。**大菩薩知此智相即能通達人、法二種無我，通曉觀察修行地，進入初地，獲得百入定。**」

「復次，大慧！涅槃有四種。何等為四？謂：諸法自性無性涅槃，種種相性無性涅槃，覺自相性無性涅槃，斷諸蘊自共相流注涅槃。大慧！此四涅槃是外道義，非我所說。大慧！我所說者，分別爾炎識滅名為涅槃。」

大慧言：「世尊！豈不建立八種識耶？」

佛言：「建立。」

大慧言：「若建立者，云何但說意識滅非七識滅。」

「還有，大慧啊！有四種涅槃。哪四種？諸法自性無性涅槃、種種相性無性涅槃、覺自相性無性涅槃和斷除諸蘊自相和共相連續涅槃。大慧啊！這是四種外道涅槃，並非我所說。大慧啊！**我所說涅槃稱為摒棄分別者意識涅槃。**」

大慧說道：「世尊！您不是確立了八識嗎？」

佛說道：「是的。」

大慧說道：「既然確立了八識，為何摒棄意識，而不摒棄其他七識？」

佛言：「大慧！以彼為因及所緣故，七識得生。大慧！意識分別境界起執著時，生諸習氣長養藏識，由是意俱我我所執思量隨轉無別體相，藏識為因為所緣故，執著自心所現境界，心聚生起展轉為因。大慧！譬如海浪自心所現，境界風吹而有起滅，是故意識滅時七識亦滅。」

佛說道：「大慧！其他七識的生起以它為原因和所緣。大慧啊！意識執著種種境界分別而生起，並以習氣滋養阿賴耶識，意執著我和我所，並不以其他形態生起。它沒有獨自的身體和相。以阿賴耶識為原因和所緣。由於執著自心所現境界，心聚生起互為原因。大慧啊！正如自心所現境界之風吹動海浪起而又滅，其他七識隨意識滅而滅。」

第03品　無常品第三之一

通達人無我、法無我會看到什麼樣的境界呢？

【要義】

佛對大慧說，意生身的分類與其通相，分別解說三種意生身，及明佛菩薩得神應大用與二乘不同。並說自證法及本住法，法界體性是常住不變的，通達人、法二無我，斷除煩惱、所知二障，離分段、變易二生死，斷現行、習氣二煩惱，這就是諸佛體性。離種種分別妄想，自心寂靜不動，心海不起轉識波浪，知一切境界，本無所有，唯自心所現。並說化他智，教化他人其中一種是要分辨宗通、說通。

佛說大慧和菩薩都應該修學宗通相及說通相：

(1)宗通相，是修行者內證的境界，證得殊勝的一種相。這種相是離一切妄想分別，趣向佛無漏自覺的境界，降伏外道眾魔，慧光遍照。

(2)說通相，是九部教法。三藏十二部（佛說的經、律、論叫三藏。十二部，是十二部教法，就是把佛說法的形式、內容，概括起來分類，分成十二部，分成十二個分教）：

①契經，也叫長行，用散文的形式來說的。②應頌，就是重頌。③記別。④諷頌。⑤自說，

自己說。⑥因緣。⑦譬喻。⑧本事。⑨本生。⑩方廣。⑪希法。⑫論議。就是這十二部。將這十二部分法裡頭的因緣、譬喻、本生這三部分除掉，就只有九部分，叫九部，或者叫九分。說通，就是依靠這九部，說這九部教導眾生「離異不異有無等相」，令其得解脫。

爾時佛告大慧菩薩摩訶薩言：「今當為汝說意成身差別相。諦聽！諦聽！善思念之！」

大慧言：「唯。」

佛言：「大慧！意成身有三種。何者為三？謂：入三昧樂意成身，覺法自性意成身，種類俱生無作行意成身；諸修行者入初地已漸次證得。

大慧！云何入三昧樂意成身？謂三、四、五地入於三昧，離種種心寂然不動，心海不起轉識波浪，了境心現皆無

那時，佛對大慧菩薩說：「我今天為你們說意成身差別相，好好聽著！認真聽著！」

大慧說：「是的。」

佛說：「大慧！**意成身**有三種。哪三種呢？就是**三昧樂意成身**、**覺法自性意成身**、**種類俱生無作行意成身**；所有修行入初地後，漸次證得。

大慧！甚麼是**入三昧樂意成身**呢？菩薩在三地、四地、五地，因為三昧樂正受故，**離種種分別妄想**，**自心寂靜不動**，**心海不起轉識波浪**，**知一切境界**，**唯自心所現**，**本無所有**，這就是入三昧樂意

所有，是名入三昧樂意成身。云何覺法自性意成身？謂八地中了法如幻皆無有相，心轉所依，住如幻定及餘三昧，能現無量自在神通，如花開敷速疾如意，如幻如夢如影如像，非四大造與造相似，一切色相具足莊嚴，普入佛剎了諸法性，是名覺法自性意成身。云何種類俱生無作行意成身？謂了達諸佛自證法相，是名種類俱生無作行意成身。大慧！三種身相當勤觀察。」

成身。甚麼是**覺法自性意成身**呢？就是八地菩薩，觀察覺知諸法如幻，皆無形相，心轉變所依，住如幻入定及其它無量入定，能現自在神通，如花開放，速寂如同心意，如同幻覺，夢幻和境像，非四大所造，形相又似四大所造，具色相世界一切種種嚴飾，隨諸佛土了知法自性，這就是覺法自性意成身。甚麼是種類俱生行為意成身？就是覺知一切佛法自覺了相，這叫做種類俱生行為意成身。大慧啊！你應該修行觀察覺知這三種身相。」

爾時大慧菩薩摩訶薩復白佛言：「世尊！願為我說諸佛體性。」

佛言：「大慧！覺二無我，除二種障，離二種死，斷二煩惱，是佛體性。大慧！聲聞、緣覺得此法已，亦名為佛，我以是義但說一乘。」

爾時大慧菩薩摩訶薩復白佛言：「世尊！如世尊說：『我於某夜成最正覺，乃至某夜當入涅槃，於其中間不說一字，亦不已說亦不當說，不說是佛

那時，大慧菩薩又對佛說：「世尊！請為我們說諸佛體性。」

佛說：「大慧！**通達人、法二無我，斷除煩惱、所知二障，離分段、變易二生死，斷現行、習氣二煩惱，這就是諸佛體性**。大慧！聲聞緣覺如果證得這個境界，得這個法，也叫做佛，因為這個因緣，我說一乘。」

那時，大慧菩薩又對佛說：「世尊！如世尊所說：『**如來在某夜成正等覺，一直到在某夜入於涅槃，在這中間，沒有說一字，既沒有已說，將來也不會說，不說就是佛說。**』世尊是依據什麼密意說這樣的話呢？」

說。』世尊依何密意作如是語？」

佛言：「大慧！依二密法故作如是說。云何二法？謂：自證法及本住法。云何自證法？謂諸佛所證我亦同證，不增不減，證智所行，離言說相、離分別相、離名字相。云何本住法？謂法本性如金等在鑛，若佛出世若不出世，法住法位，法界法性皆悉常住。大慧！譬如有人行曠野中，見向古城平坦舊道，即便隨入止息遊戲。

佛說：「大慧！依據兩種密法，我這樣說。哪二種法？即自證法及本住法。甚麼是自證法？一切佛所證得，我也證得，不增不減，自證聖智所行境界，遠離言說、分別、名字相。甚麼是本住法？法性如同金銀珠寶在礦中，無論如來出世或不出世，這個法界還是法界，法界的體性是常住不變的。大慧啊！譬如有人在曠野中行走，看到那座古城的平坦大道，順著這道就進了城了，留在此城，體驗城中的種種玩樂。大慧啊！你是怎麼想的？你認為這條成道以及城中的種種事物是他造出來的嗎？」

大慧！於汝意云何？彼作是道及以城中種種物耶？」

白言：「不也。」

佛言：「大慧！我及諸佛所證真如，常住法性亦復如是。是故說言，始從成佛乃至涅槃，於其中間不說一字，亦不已說亦不當說。」

爾時大慧菩薩摩訶薩復白佛言：「世尊！願說一切法有無相。令我及諸菩薩摩訶薩離此相，疾得阿耨多羅三藐三菩提。」

大慧說道：「不是，世尊。」

世尊說道：「大慧啊！正是這樣，我和一切佛所證真如，法界常住也是這樣。因此，我從成等覺到某夜般涅槃，在這中間沒有說一字，既沒有已說，將來也不會說。」

然後，大慧菩薩又對佛說：「世尊！請為我們說一切法的有無相。這樣，我和其他大菩薩能擺脫有無，迅速證得無上正等正覺。」

佛言：「諦聽！當為汝說。」

大慧言：「唯。」

佛言：「大慧！世間眾生多墮二見，謂：有見，無見；墮二見故，非出出想。云何有見？謂實有因緣而生諸法非不實有，實有諸法從因緣生非無法生。大慧！如是說者則說無因。云何無見？謂知受貪瞋癡已而妄計言無。大慧！及彼分別有相而不受諸法有，復有知諸如來、聲聞、緣覺無貪瞋

佛說道：「好好聽著！我會為你講解。」

大慧菩薩回答：「好。」

佛對他說道：「大慧啊！**世人執著二見，或執著有，或執著無；陷入有無貪見**，以不出離為出離。何謂有見？因緣存在，則世界產生；不存在，則不產生。存在則產生，不存在則不產生。大慧啊！這樣講述事物和世界有因緣，則是有因論者。大慧啊！怎樣執著無？接受貪、瞋和痴，而又妄想無貪、瞋和痴。大慧啊！有人擺脫事物相，而不認可事物有，也有人發現佛、聲聞和緣覺沒有貪、瞋和痴，擺脫事物相，而不認可事物有，哪一種成為毀滅者？」

癡性而計為非有，此中誰為壞者？」

大慧白言：「謂有貪瞋癡性後取於無，名為壞者。」

佛言：「善哉！汝解我問。此人非止無貪瞋癡名為壞者，亦壞如來、聲聞、緣覺。何以故？煩惱內外不可得故；體性非異非不異故。大慧！貪瞋癡性若內若外皆不可得，無體性故，無可取故，聲聞、緣覺及以如來本性解脫，無有能縛及縛因故。大慧！若有能縛及以

大慧說：「那種先妄計貪、瞋、痴性為有，後又計無者，是壞於法的人。」

佛說：「很好！你很理解我的提問。此人不但先妄執貪、瞋、痴為有，不但自壞其法，也壞如來、聲聞、緣覺三乘。為什麼呢？因為煩惱無性，內外不可得；煩惱無體，非異非不異。大慧！如果受束縛，則有束縛和束縛的原因，這種說法，是壞於法的，先取煩惱為有，後滅之為無，這是有為無相。依此密義而說，我說寧可有大似須彌山的人見，也不要有自恃有無的傲慢空見。自恃有無者成為毀滅者，因為他們墮入自相和共相見，不知道唯自心所

縛因則有所縛，作如是說名為壞者，是為無有相。我依此義密意而說，寧起我見如須彌山，不起空見懷增上慢。若起此見名為壞者，墮自共見樂欲之中，不了諸法惟心所現。以不了故，見有外法剎那無常展轉差別，蘊、界、處相相續流轉起已還滅，虛妄分別，離文字相，亦成壞者。」

爾時大慧菩薩摩訶薩復請佛言：「世尊！惟願為說宗趣之相。令我及諸菩薩摩訶薩善

現而無事物。若起空見，則是破壞佛法，因其墮入有無、自共相見解之中，不能了知諸法唯心所現。因不能了知諸法唯心所現，見有外法剎那生滅，無常輾轉，成差別蘊界處諸法相，相續流轉，起後還滅，虛妄分別，脫離文字相，也是壞於法的人。」

那時，大慧菩薩又請求世尊，說道：「世尊！請為我們說宗通相。令我和其他大菩薩能通曉宗通相，而不依隨其他一切思辨外道，迅速證得無上正

達此義，不隨一切眾邪妄解，疾得阿耨多羅三藐三菩提。」

佛言：「諦聽！當為汝說。」

大慧言：「唯。」

佛言：「大慧！一切二乘及諸菩薩，有二種宗法相。何等為二？謂：宗趣法相，言說法相。宗趣法相者，謂自所證殊勝之相，離於文字語言分別，入無漏界成自地行，超過一切不正思覺，伏魔外道，生智慧光，是名宗趣法相。言說法相

等覺。」

佛說：「好好聽著！我會為你講解。」

大慧菩薩回答：「好。」

佛說：「大慧！一切聲聞、緣覺和諸菩薩通達正法有兩種通相。哪兩種？**宗通相和說通相。宗通相是自覺內證殊勝相，擺脫言語文字分別，進入無漏界，自覺內證地自相，擺脫一切思辨外道魔，制伏那些外道魔，**所得之內自光明即發光輝，這是宗通相。**說通相就是宣說九部教法**（十二部教法除去譬喻、因緣、本事三部）中之種種，**擺脫異和不異、有和無等相，依靠種種方便善巧，深知眾生而順應**

者，謂說九部種種教法，離於一異、有無等相，以巧方便隨眾生心令入此法，是名言說法相。汝及諸菩薩當勤修學。」

爾時大慧菩薩摩訶薩復白佛言：「世尊！願為我說虛妄分別相。此虛妄分別云何而生？是何而生？因何而生？誰之所生？何故名為虛妄分別？」

佛言：「大慧！一切眾生於種種境，不能了達自心所現，計能所取虛妄執著，起諸分別墮有無見，增長外道妄見習氣，

眾生志趣，隨類說法。這是說通相。你和其他大菩薩應該修習。」

那時，大慧菩薩又對佛說：「世尊！請為我們講說虛妄分別之相。此虛妄分別相是如何生的？是什麼所生？是為什麼而生的？是誰所生？為何名為虛妄分別？」

佛說：「大慧！**一切眾生不能了達外種種境，是自心虛妄分別所現，計著能取、所取，起各種分別，墮有、無之見**，增長外道妄想分別見習氣，心、心所法，相應而起，**執著外道、世俗種種對象，執**

心心所法相應起時，執有外義種種可得，計著於我及以我所，是故名為虛妄分別。」

大慧白言：「若如是者，外種種義性離有無起諸見相。世尊！第一義諦亦復如是，離諸根量宗、因、譬喻。世尊！何故於種種義言起分別，第一義中不言起耶？將無世尊所言乖理，一處言起一不言故。世尊！又說虛妄分別墮有無見，譬如幻事種種非實，分別亦爾有無相離，云何而說墮二見

著我和我所，所以稱為虛妄分別。」

大慧對佛說：「如果是這樣，外道、世俗種種執著，於離有、無之性，分別起用執著外境。世尊！第一義諦也是這樣，離妄想諸根、三種量及五分論等。世尊！為何於外道、世俗種種義言起分別，而於第一義中卻不言起分別呢？大概不至於世尊所說的違背道理吧？不然為什麼一處說起分別，一處不說起不起分別。世尊！又說外道、世俗之虛妄分別，是墮入有、無之見，如幻非實，分別世俗之見與第一義諦也是一樣，有和無相離，世尊怎麼也於此生二邊分別見呢？這樣說難道不墮於世間顛倒見

耶？此說豈不墮於世見？」

佛言：「大慧！分別不生不滅。何以故？不起有無分別相故，所見外法皆無有故，了唯自心之所現故，但以愚夫分別自心種種諸法著種種相，而作是說。令知所見皆是自心，斷我我所一切見著，離作所作諸惡因緣，覺唯心故轉其意樂，善明諸地入佛境界，捨五法、自性諸分別見，是故我說虛妄分別執著種種自心所現諸境界生，如實了知則得解脫。」

嗎？」

佛言：「大慧！凡夫之所以在世間法上有妄想，因為他有執著。為什麼呢？如果能夠不執著，一切所見世界上的一切外法皆幻有，了知都是唯自心所現，愚夫們自心作出種種妄想分別，執著種種事物相，所以才那麼說。目的是使他了達一切外境皆是自心所現，遠離作者及所作法等惡因緣，覺知唯自心，轉離心所依，通曉諸地，達到如來自覺境界，擺脫五法、自性、事物的分別邪見？出於這個原因，我才說執著種種不實對象，妄想分別轉出，而如實了解自心分別種種對象獲得解脫。」

爾時大慧菩薩摩訶薩復白佛言：「世尊！如來說言：『如我所說，汝及諸菩薩，不應依語而取其義。』世尊！何故不應依語取義？云何為語？云何為義？」

佛言：「諦聽！當為汝說。」

大慧言：「唯。」

佛言：「大慧！語者，所謂分別習氣而為其因，依於喉舌脣齶齒輔，而出種種音聲文字，相對談說，是名為語。云

那時，大慧菩薩又對佛說：「世尊！如來曾說：『如我所說，你及諸菩薩**不應依語取義**。』世尊！何故不應依語取義？何謂語？何謂義？」

佛說：「好好聽著！我當為你解說。」

大慧說：「好的。」

佛說：「大慧！所謂語者，乃是以妄想習氣為因，以喉舌唇齶為緣，而發出種種聲音、文字，相對談說，是名為語。**所謂義者，大菩薩靜處獨居，恆審思慮，思維觀察，見人、法二空，趣向如**

何為義？菩薩摩訶薩住獨一靜處，以聞、思、修慧思惟觀察向涅槃道自智境界，轉諸習氣，行於諸地種種行相，是名為義。復次，大慧！菩薩摩訶薩善於語、義，知語與義不一不異，義之與語亦復如是；若義異語，則不應因語而顯於義，而因語見義，如燈照色。大慧！譬如有人持燈照物，知此物如是、在如是處；菩薩摩訶薩亦復如是，因語言燈入離言說自證境界。復次，大慧！若有於

來自證聖智境界，轉諸習氣惡見，在在處處修行勝相，至如來所證實法，是名為義。還有，大慧啊！大菩薩應善知語、義，知其不一不異。若義異於語者，二者不相應，則語不應顯義，但實際上語是顯義的，如燈之照物。譬如有人持燈照物，後知此物是這樣的，在這個地方；大菩薩也應這樣看待語、義關係，憑藉語言分別的音燈，大菩薩擺脫語言分別，進入自覺聖智境界。但義非語，故不得言一。因此，**大菩薩應因語入於離語言之自證境界**。還有，大慧啊！若有人於不生不滅等染淨諸法，如言取義，計言說與義為同一者，這叫做建立；若認語與義不同者，這叫做誹謗（破），不立不破。因其於彼起分別故，譬如所見種種幻事執著為真實，

不生不滅自性涅槃三乘一乘五法諸心自性等中如言取義，則墮建立及誹謗見，以異於彼起分別故，如見幻事計以為實，是愚夫見非賢聖也。」

爾時世尊重說頌言：

「若隨言取義，建立於諸法；
以彼建立故，死墮地獄中。
蘊中無有我，非蘊即是我；
不如彼分別，亦復非無有。
如愚所分別，一切皆有性；
若如彼所見，皆應見真實。

這是愚夫見，非聖賢見。」

那時，世尊重說頌曰：

「若隨言取義，虛妄建立諸法；
因為計有實法，不免墮於地獄。
五蘊中無我，亦非五蘊即是我；
非如妄建立，亦非無所無。
若像愚夫之妄分別，一切語義皆有實性；
凡夫之所見，即為見真實。

一切染淨法，悉皆無體性；
不如彼所見，亦非無所有。」

「復次，大慧！我當為汝說智識相，汝及諸菩薩摩訶薩，若善了知智識之相，則能疾得阿耨多羅三藐三菩提。大慧！智有三種，謂：世間智，出世間智，出世間上上智。云何世間智？謂一切外道凡愚計有無法。云何出世間智？謂一切二乘著自共相。云何出世間上上智？謂諸佛菩薩觀一切法皆無

一切染淨諸法，皆悉無自性；
不像凡夫之所見，真實義不涉及有無。」

「還有，大慧啊！我要為你宣示智識相，你及諸大菩薩，若是善於了知智識相，就能迅速證得無上正等覺。大慧啊！有三種智，即世間智、出世間智和出世間上上智。甚麼是世間智？就是一切外道凡夫愚癡取著有相和無相。甚麼是出世間智？就是一切二乘著取著自相共相。甚麼是出世間上上智？就是諸佛菩薩觀一切事物皆為有相和無相，見到不生不滅，證得法無我而入如來地。大慧啊！還有三種智，就是自相共相智，知生滅智，知不生不滅智。還有，大慧啊！生滅是識，不生滅是智；墮有相無

有相，不生不滅、非有非無，證法無我入如來地。大慧！復有三種智，謂：知自相共相智，知生滅智，知不生不滅智。復次，大慧！生滅是識，不生滅是智；墮相無相及以有無種種相因是識，離相無相及有無因是智；有積集相是識，無積集相是智；著境界相是識，不著境界相是智；三和合相應生是識，無礙相應自性相是智；有得相是識，無得相是智。證自聖智所行境界，如水中月，不入不出故。」

相及以有無種種相因，這是識，離有相無相、有因無因，這是智；積集種子起現行相，這是識，無積集種子起現行相，這是智；執著境界相是識，不著境界相是智；三和合相應而生是識，無礙相應自性相是智；**有所得相是識，無所得相是智**。證自聖智所行境界者，不出不入的境界猶如水中月。」

「復次，大慧！諸外道有九種轉變見，所謂：形轉變，相轉變，因轉變，相應轉變，見轉變，生轉變，物轉變，緣明了轉變，所作明了轉變；是為九。一切外道因是見故，起有無轉變論。此中形轉變者，謂形別異見，譬如以金作莊嚴具，環釧瓔珞種種不同，形狀有殊金體無易，一切法變亦復如是。諸餘外道種種計著，皆非如是亦非別異，但分別故一切轉變，如是應知。譬如乳酪

「此外，大慧！諸外道有九種轉變見，所謂形轉變、相轉變、因轉變、相應轉變、見轉變、生轉變、物轉變、緣明了轉變、所作明了轉變，是為九轉變。一切外道依據這種見解，執有與無相互轉變等種種說法。此中形轉變者，因物體形相各別，譬如以金作各種物品、器具，環釧瓔珞各不相同，形狀各異，金之體性不變，一切法之轉變也是這樣。外道所說之種種轉變，皆非一，亦非異，均只是妄想分別而已，一切諸法之轉變，都應該這樣去認識。譬如奶酪酒果之互相轉變等，外道說此均有所變異；而實無有，若有若無一切諸法，都是自性之虛妄顯現而已，並無真實之外物存在。認各種法為實有，有各種轉變，這是愚迷凡夫，因妄想習氣

酒果等熟，外道言此皆有轉變；而實無有若有若無，自心所見無外物故。如此皆是愚迷凡夫，從自分別習氣而起，實無一法若生若滅，如因幻夢所見諸色，如石女兒說有生死。」

爾時大慧菩薩摩訶薩復白佛言：「世尊！惟願如來，為我解說於一切法深密義及解義相。令我及諸菩薩摩訶薩善知此法，不墮如言取義深密執著，離文字語言虛妄分別，普入一切諸佛國土，力通自在總持所

而起分別，但真實無有一法生、無有一法滅，就如夢幻所見各種色相，又如石頭女生兒說有生滅轉變。」

那時，大慧菩薩又對佛說：「世尊！請如來為我等解說一切法深密義及解義相。令我及諸大菩薩善知此法，不墮入依言取義之執著，離文字語言虛妄分別，普入於一切諸佛國土，受力自在神通與總持即所善印，成十無盡願中智覺（十無盡：一、眾生界無盡，二、世間無盡，三、虛空界無盡，四、法界無盡，五、涅槃界無盡，六、佛出現界無盡，

印，覺慧善住十無盡願；以無功用種種變現，光明照曜如日月摩尼地水火風，住於諸地離分別見；知一切法如幻如夢，入如來位普化眾生，令知諸法虛妄不實，離有無品斷生滅執，不著言說令轉所依。」

佛言：「諦聽！當為汝說。大慧！於一切法如言取義執著深密，其數無量，所謂：相執著，緣執著，有非有執著，生非生執著，滅非滅執著，乘非乘執著，為無為執著，地地自

七、如來智界無盡，八、心所緣無盡，九、佛智所入境界無盡，十、世間轉、法轉、智轉無盡）；作無功用行種種變化，如日如月如摩尼寶如地水火風，住於一切地，遠離自心分別相；善知一切諸法如夢如幻，入如來位普化群生，讓他們了知諸法虛妄不實，離有無之見，斷生滅的執著，不執著言說，轉生勝處。」

佛說：「好好聽著！我當為你解說。大慧！於一切法如言取義，種種執著，所謂相執著、緣執著、有非有執著、生非生執著、滅非滅執著、乘非乘執著、為無為執著、地地自相執著、自分別現證執著、外道宗有無品執著、三乘一乘執著。大慧！此種種執著，皆是凡夫愚癡眾生，自妄想執著，就好像蠶

相執著，自分別現證執著，外道宗有無品執著，三乘一乘執著。大慧！此等密執有無量種，皆是凡愚自分別執而密執著，此諸分別如蠶作繭，以妄想絲自纏纏他，執著有無欲樂堅密。

大慧！此中實無密非密相，以菩薩摩訶薩見一切法住寂靜故，無分別故。若了諸法唯心所見，無有外物皆同無相，隨順觀察，於若有若無分別密執，悉見寂靜，是故無有密非密相。大慧！此中無縛亦無有

作繭一樣把自己的心捆住了，以妄想絲自纏，還要纏他人，總在這裡頭相續不斷地計著有無。

大慧！其中實際上並無密、非密相（密相即相續相），因為大菩薩不起分別，洞悉一切法寂靜而安住。若了達諸法唯心所現，實無外物，有和無的一切自性都沒有相可見，隨順觀察，則能於有、無一切諸法無分別相續寂靜，所以一切法沒有相續和不相續相。大慧啊！這裡**無人受束縛，也無人解脫，如果沒有證得到這種如實的究竟境界了，那就**

解，不了實者見縛解耳。何以故？一切諸法若有若無，求其體性不可得故。復次，大慧！愚癡凡夫有三種密縛，謂：貪恚癡及愛來生與貪喜俱，以此密縛，令諸眾生續生五趣；密縛若斷，是則無有密非密相。復次，大慧！若有執著三和合緣，諸識密縛次第而起。有執著故則有密縛，若見三解脫離三和合識，一切諸密皆悉不生。」

爾時大慧菩薩摩訶薩復白

會出生束縛跟解脫的見解。為什麼呢？因為**一切諸法的有和無，它的體性是不可得的**。還有，大慧啊！愚癡凡夫有三種密縛（相續），即貪瞋痴及貪愛再生，歡喜和貪欲相伴。因有這三種密縛，使得諸眾生於五趣生死輪迴，相續不斷；斬斷相續，也就不見相續不相續相。還有，大慧啊，若執著三和（根、境、識）緣和合生起諸法，諸識密縛則次第生起。因有執著，則有密縛，若離三和（根、境、識）合識，洞悉三解脫（空、無相、無作），一切相續也就不產生。」

那時大慧又對佛說道：「世尊！世尊曾說：

佛言：「世尊！如世尊說：『由種種心分別諸法，非諸法有自性，此但妄計耳。』世尊！若但妄計無諸法者，染淨諸法將無悉壞？」

佛言：「大慧！如是，如是！如汝所說。一切凡愚分別諸法，而諸法性非如是有，此但妄執無有性相，然諸聖者以聖慧眼，如實知見有諸法自性。」

大慧白言：「若諸聖人以聖慧眼見有諸法性，非天眼、肉眼，不同凡愚之所分別。云

『種種事物憑妄想而分別，並無自性，這只是妄想分別。』世尊啊！如果一切法都是自心分別妄想所生，這樣豈不是就沒有所謂煩惱和清淨？」

佛說道：「大慧啊！是啊，是啊！正如你所說。事物自性並不像凡夫愚痴們妄想分別的那樣，那只是妄想分別，而不能獲知事物自性相，事物自性是聖者們憑聖智慧眼，如實通達一切事物的自性。」

大慧說道：「如果像聖者們那樣憑聖智、聖見和聖智慧眼而非天眼或肉眼獲知事物自性，不是像愚夫們那樣妄想分別。那麼，凡夫愚痴們不能覺

何凡愚得離分別？不能覺了諸聖法故。世尊！彼非顛倒非不顛倒。何以故？不見聖人所見法故，聖見遠離有無相故，聖亦不如凡所分別如是得故，非自所行境界相故；彼亦見有諸法性相，如妄執性而顯現故，不說有因及無因故，墮於諸法性相見故。世尊！其餘境界既不同此，如是則成無窮之失，孰能於法了知性相？世尊！諸法性相不因分別，云何而言以分別故而有諸法。世尊！分別

知聖事，怎麼能擺脫妄想分別呢？世尊！他們既非顛倒，也非不顛倒。為什麼呢？不見聖者所見的法性，聖者所見的，離開有無這些現象，聖人也是的，他所看的也不是凡夫所見的分別妄想，因為他不以凡夫的自相為境界；聖人也看到有諸法的性相，就好像妄想自性而呈現事物自性相，聖人所見好像墮入有見了。世尊！認為別人的境界不像他們的境界，這樣陷入無窮說，如何能覺知事物自性相？世尊！事物自性相不以妄想分別的自性為原因，怎麼會說因為分別而有一切事物。世尊啊！不同的妄想分別相，依據原因不同的妄想分別自性相，各自妄想分別，他們與愚癡凡夫們不一樣。而這樣說：「為了讓眾生擺脫妄想分別，像妄想分別那樣的事

相異諸法相異，因不相似，云何諸法而由分別？復以何故，凡愚分別不如是有，而作是言：『為令眾生捨分別故，說如分別所見法相無如是法。』世尊！何故令諸眾生離有無見所執著法，而復執著聖智境界墮於有見。何以故不說寂靜空無之法，而說聖智自性事故？」

佛言：「大慧！我非不說寂靜空法墮於有見。何以故？已說聖智自性事故。我為眾生無始時來計著於有，於寂靜法

物不存在。』世尊啊！你為何讓眾生擺脫有無見所執著一切事物，卻執著聖智境界而陷入有見。什麼原因不宣說寂靜法，而宣說聖智自性事物？」

佛說：「大慧啊！我並非不宣示寂靜法，也不陷入有見。為什麼呢？因為我已說聖智事物自性相。**我採用執著聖智事物自性相，宣示寂靜法，眾生害怕寂靜空法，說這個實際上是令眾生脫離恐**

以聖事說，今其聞已不生恐怖，能如實證寂靜空法，離惑亂相入唯識理，知其所見無有外法，悟三脫門獲如實印，見法自性了聖境界，遠離有無一切諸著。復次，大慧！菩薩摩訶薩不應成立一切諸法皆悉不生。何以故？一切法本無有故，及彼宗因生相故。復次，大慧！一切法不生，此言自壞。何以故？彼宗有待而生故；又彼宗即入一切法中，不生相亦不生故；又彼宗諸分而成故；又彼宗有

怖，**如今他們已不怖畏，能如實證得和住於寂靜法，離開惑亂相入唯識理**，知其所見無有外法，獲得三解脫（空、無相、無願）和如實印相（如實地印所印，三解脫法門的空、無相、無願這三個境界，能夠印證「一切無我、諸法無常、涅槃寂靜」三法印），見法自性了悟聖智境界，遠離有無一切執著。還有，大慧啊！大菩薩不應提出一切法不生的命題。為什麼呢？這個命題依據一切自性存在，以及由於這種存在而出現相。再者，大慧啊！一切法不生，這個命題不能成立。為什麼呢？**提出一切法不生這個命題，出自與它相對的命題，標個宗，就陷到有無裡去了**，因此，這個命題不能成立；還有，這個不生命題處在一切法中，不產生不生相；

無法皆不生，此宗即入一切法中，有無相亦不生故；是故一切法不生，此宗自壞。不應如是立，諸分多過故；展轉因異相故；如不生，一切法空無自性亦如是。大慧！菩薩摩訶薩應說一切法如幻如夢，見不見故，一切皆是惑亂相故，除為愚夫而生恐怖。大慧！凡夫愚癡墮有無見，莫令於彼而生驚恐遠離大乘。」

爾時大慧菩薩摩訶薩復白佛言：「世尊！如佛所說，若

因此，一切法不生這種說法不能成立。不應該把『一切法不生』立一個宗，三分論五分論諸支多過失；展轉相作，相互為因的緣故；如果依據不生這個命題，提出一切事物不生，也不能成立。大慧啊！大菩薩應該說一切事物如幻似夢，因其可見亦不可見，一切皆是惑亂相，所以為使凡夫能夠不怖畏。大慧啊！凡夫愚癡墮入於有無見，不要令他們因怖畏而遠離了大乘。」

那時大慧菩薩又對佛說：「世尊！如佛所說的，如果知道境界都是假名施設都不可得的話，就

知境界但是假名都不可得，則無所取，無所取故亦無能取，能取所取二俱無故不起分別，說名為智。世尊！何故彼智不得於境，為不能了一切諸法自相共相一異義故言不得耶？為以諸法自相共相種種不同更相隱蔽而不得耶？為山巖石壁簾幔帷障之所覆隔而不得耶？為極遠極近老小盲冥諸根不具而不得耶？若不了諸法自相共相一異義故言不得者，此不名智，應是無智，以有境界而不知故。

無所取，無所取因此也無能取，能取所取皆無因而不起分別，這就叫做智。世尊！為何這個智相不可得，是由於不了知諸法自相和共相不異而智不獲取嗎？是由於種種自相和共相遮蔽事物自性而智不獲取嗎？是由於牆壁、帷幕、山坡和圍牆或地、水、風和火阻隔，過遠或過近，智不獲取所知嗎？是由諸根如同幼兒、盲人或老人，智不獲取所知對象嗎？如果不覺知種種自相和共相不異，智不獲取，那麼這不能稱為智，那是無智，因為其有現前所知境而不知。如果由於種種自相和共相遮蔽事物自性，智不獲取，是無智，而不是智，由於與所知聯繫，才稱為智。由於牆壁、帷幕、山坡和圍牆或地、水、風和火阻隔，過遠或過近，由於諸根不足，如

若以諸法自相共相種種不同更相隱蔽而不得者，此亦非智，以知於境說名為智非不知故。若山巖石壁簾幔帷障之所覆隔，極遠極近老小盲冥而不知者，彼亦非智，以有境界智不具足而不知故。」

佛言：「大慧！此實是智，非如汝說，我之所說非隱覆說。我言境界唯是假名不可得者，以了但是自心所見、外法有無，智慧於中畢竟無得，以無得故爾焰不起，入三脫門智

同幼兒、老人和盲人，那麼這不是智，以識境現前而識根不具足。」

佛說道：「大慧啊！這是智，不像你這樣說的，我不是因為聖智境界有什麼秘密而隱覆不講。**聖智境界不是攀緣心可得的，了知一切覺知唯自心所現、外界事物有無皆不存在，智慧畢竟是離兩邊無所得的，**因為無得所以是不生爾焰（所知障）的，而後達到三解脫，連智也不獲取；**凡夫受無始**

體亦忘；非如一切覺想凡夫，無始已來戲論熏習，計著外法若有若無種種形相，如是而知名為不知，不了諸法唯心所見，著我我所分別境智，不知外法是有是無，其心住於斷見中故。為令捨離如是分別，說一切法唯心建立。」

「復次，大慧！愚癡凡夫無始虛偽，惡邪分別之所幻惑，不了如實及言說法，計心外相著方便說，不能修習清淨真實離四句法。」

有無戲論熏習，計著外法若有若無種種形相，對此即不能知，不善於見到自心所現，對外境都是虛妄分別執著，不知外法是有是無，因為心依附斷見的緣故。**為了讓他們捨離這樣的分別，說一切事物都是唯自心所建立。」**

「還有，大慧啊！愚癡凡夫們在無始戲論惡習造成的自心分別幻惑，不善了知此自證真實及其言說，計著於自心所現外界事物相，執著方便說法，而不能修習清淨真實法離四句法。」

爾時大慧菩薩摩訶薩復白佛言：「世尊！如來一時說盧迦耶陀呪術詞論，但能攝取世間財利，不得法利，不得法利不應親近承事供養。世尊何故作如是說？」

佛言：「大慧！盧迦耶陀所有詞論，但飾文句誑惑凡愚，隨順世間虛妄言說，不如於義、不稱於理，不能證入真實境界，不能覺了一切諸法，恒墮二邊自失正道，亦令他失輪迴諸趣永不出離。何以故？不了諸法

然後，大慧菩薩又對世尊說道：「世尊啊！如來過去曾經說順論者擅長種種咒語，巧言善辯，只能獲取世俗享受，不能獲取正法，不應該受到侍奉、供養和親近。為何世尊這麼說呢？」

佛說道：「大慧啊！順世論者擅長種種咒語，巧言善辯，以種種美妙言辭說種種原因，迷惑凡夫愚癡們，沒有意義，不合道理，不能證入真實境界，不能覺知了悟一切諸法，陷入二邊，迷惑愚夫不能入於正道，在生死輪迴中永不能解脫。為什麼呢？不覺知唯自心所現，執著外界事物自性，不能脫離分別。因此我說順世論者擅長種種咒語，巧言

唯心所見，執著外境增分別故。是故我說世論文句因喻莊嚴，但誑愚夫，不能解脫生老病死憂悲等患。」

爾時大慧白言：「世尊！若盧迦耶所造之論，種種文字因喻莊嚴，執著自宗非如實法，名外道者。世尊亦說世間之事，謂以種種文句言詞廣說十方一切國土天人等眾而來集會，非是自智所證之法。世尊亦同外道說耶？」

佛言：「大慧！我非世說

善辯，迷惑凡夫愚癡們，不能擺脫生、老、病、死、憂愁、哀傷和煩惱等等。」

那時大慧說道：「世尊啊！如果一切外道執著自己的原因論，用種種美妙言詞宣說這種順世論，執著自宗而不是真實法，這就是外道。世尊是否也用種種美妙言詞向從各地前來集會的天神、阿修羅和凡人宣說這種順世論，不是宣說自己自證聖智境界。那麼佛說的和外道說的區別在哪裡呢？」

佛說：「大慧啊！我不宣說順世論，不宣說來亦無來去，我說諸法不來不去。大慧！來者集生，去者壞滅，不來不去，此則名為不生不滅。大慧！我之所說，不同外道墮分別中。何以故？外法有無無所著故，了唯自心不見二取，不行相境不生分別，入空、無相、無願之門而解脫故。

大慧！我憶有時於一處住，有世論婆羅門來至我所，遽問我言：『瞿曇！一切是所作耶？』我時報言：『婆羅門！一切所作，是初世論。』又問

去，我宣說不來不去。大慧啊！所謂來是生的積累，產生於聚合，所謂去是毀滅，不來不去就是所謂的不生不滅。大慧啊！我不宣說屬於一切外道的分別。為什麼呢？外界事物無性，不執著，確定唯自心所現，不生起二取，不起分別，相和境界無性，覺知唯自心所現，不起自心所現分別。因為通曉空性、無相和無願之門而獲得解脫。

大慧啊！我記得我曾經住在一個地方，有個順世論婆羅門來到我這裡，突然對我說：『瞿曇！一切都是創造物？』我對他說：『婆羅門！如果一切都是創造物，這是第一種順世論。』接著問我說：『一切不是創造物？』我對他說：『如果一切

我言：『一切非所作耶？』我時報言：『一切非所作，是第二世論。』彼復問言：『一切常耶？一切無常耶？一切生耶？一切不生耶？』我時報言：『是第六世論。』彼復問言：『一切一耶？一切異耶？一切俱耶？一切不俱耶？一切皆由種種因緣而受生耶？』我時報言：『是第十一世論。』彼復問言：『一切有記耶？一切無記耶？有我耶？無我耶？有此世耶？無此世耶？有他世

不是創造物，這是第二種順世論。』這位婆羅門又問我說：『一切常？一切無常？一切生？一切不生？』我回答：『這是第六種順世論。』這位順世論婆羅門又對我說：『一切一？一切是不同嗎？一切同時存在？一切不是同時存在？一切是不是因為有種種因緣而顯現受生的呢？』我回答：『這是第十一種順世論。』接著問我說：『一切是無記還是有記的呢？是有我還是無我呢？是有此世還是無此世呢？是有他世還是無他世呢？是有解脫還是沒有解脫呢？一切是剎那呢還是不剎那呢？虛空，非擇滅和涅槃，有沒有主宰造物主？死有之後是有中陰還是沒有中陰呢？』我對他說：『婆羅門啊！如果是這樣便是順世論，不是我所說。婆羅門啊！我只

耶？無他世耶？有解脫耶？無解脫耶？是剎那耶？非剎那耶？虛空涅槃及非擇滅，是所作耶？非所作耶？有中有耶？無中有耶？』我時報言：『婆羅門！如是皆是汝之世論，非我所說。婆羅門！我說因於無始戲論諸惡習氣而生三有，不了唯是自心所見而取外法，實無可得。如外道說，我及根境三合知生；我不如是，我不說因，不說無因，唯緣妄心似能所取而說緣起，非汝及餘取著

說眾生由於無始虛偽妄想這些習氣種子，產生種種諸惡就是三有之因，不能了知唯自心所現，外界事物不可得，故而分別轉出。我不像外道那樣所說我、諸根和對象三者結合而生；我不是如此，我不說有因，也不說無因，我只是利用所取和能取，施設假分別之名，宣說因緣和合而生諸法。這個不是你以及其餘那些墮在我相中的凡夫所能理解的。』大慧啊！虛空、涅槃及非擇滅此三種無為有三名稱，本無體性，如何談說作與非作。」

我者之所能測。』大慧！虛空、涅槃及非擇滅，但有三數本無體性，何況而說作與非作。」

「大慧！爾時世論婆羅門復問我言：『無明愛業為因緣故，有三有耶？為無因耶？』我言：『此二亦是世論。』又問我言：『一切諸法皆入自相及共相耶？』我時報言：『此亦世論。婆羅門！乃至少有心識流動分別外境，皆是世論。』

大慧！爾時彼婆羅門復問我言：『頗有非是世論者不？

「大慧啊！這位順世論婆羅門又問我說：『三有以無知、貪愛和業為原因，或者無原因？』我說：『這種二見也是順世論。』又問我說：『一切事物陷入自相和共相？』我回答說：『這也是順世論。婆羅門啊！**只要心意流動，執著外界對象分別，就是順世論。**』

大慧！這位順世論婆羅門又問我說：『有任何非順世論嗎？一切外道用種種美妙言詞、原因、例一切外道所有詞論，種種文句因喻莊嚴，莫不皆從我法中出。』我報言：『有。非汝所許，非世不許，非不說種種文句義理相應，非不相應。』彼復問言：『豈有世許非世論耶？』我答言：『有。但非於汝及以一切外道能知。何以故？以於外法虛妄分別生執著故。若能了達有無等法，一切皆是自心所見，不生分別不取外境，於自處住。自處住者是不起義，不起於何？不起分別。

正和結論宣說我的宗旨。』我答：『有的。但此種法與你之世論法不同，但為世人所接受，也非不用種種美妙言詞，也非沒有意義。』又問我說：『有不宣說順世論宗旨的非順世論嗎？』我答：『有的。而你和一切外道的知覺執著外界事物不實分別戲論，不能理解。那是不起有無分別。覺知唯自心所現，能於自住處，不起有、無妄念分別，不起分別，不執取外在境界。所謂住於自處即不起，分別不是為不起。這就是非順世論，這就是我的佛法，不是你們所掌握的東西。婆羅門啊！略而言之，不論何時何處，若有心識流動，於生死而有所追求愛戀，有受、有觸、有見、有住，取種種相，於愛於因等而生計著，這些都是世論不是我的佛教。』」

此是我法，非汝有也。婆羅門！略而言之，隨何處中心識往來死生求戀，若受若見若觸若住，取種種相和合相續，於愛於因而生計著，皆汝世論非是我法。』」

「大慧！世論婆羅門作如是問，我如是答，不問於我自宗實法，默然而去，作是念言：『沙門瞿曇無可尊重，說一切法無生無相無因無緣，唯是自心分別所見，若能了此分別不生。』大慧！汝今亦復問我是義，何故親近諸世論者，唯得

「大慧！世論婆羅門這樣問，我這樣答，他並不問我宗如實之法，便默默地走開了，心中在想：『沙門瞿曇，也不怎麼樣，說一切法無生、無相、無因、無緣，唯是自心分別所見，若能了達萬法唯心，一切虛妄分別則不得生。』大慧！你今也詢問我為何侍奉擅長種種咒語、巧言善辯的順世論者，只能獲取世俗享受（財利），不能獲取正法（法利）？」

財利不得法利？」

大慧白言：「所言財、法，是何等義？」

佛言：「善哉！汝乃能為未來眾生思惟是義。諦聽！諦聽！當為汝說。大慧！所言財者，可觸可受可取可味，令著外境墮在二邊，增長貪愛生老病死憂悲苦惱，我及諸佛說名財利，親近世論之所獲得。云何法利？謂了法是心見二無我，不取於相無有分別，善知諸地離心、意、識，一切諸佛

大慧問道：「世尊所說的財、法，是什麼？」

佛說：「很好啊！你能為未來眾生思維此義。好好聽著！我當為你解說。大慧！**所謂財利者，就是那些可觸、可受、可取、可嗅等有形有相之物，使人起外境想，墮於有、無二邊，**增長貪愛憂悲、生老病死種種苦惱，我及諸佛稱這些為財利，是親近世論之所獲得。何謂法利？就是**了達萬法唯心所現，見二無我，不取著於相，無有妄想分別，善知諸地，離心、意、識，具足修行十無盡願，一切諸佛為其灌頂，於一切法皆得自在，這就叫做法利；不墮一切惡見戲論分別妄想，亦不墮常斷、有無二**

所共灌頂，具足受行十無盡願，於一切法悉得自在，是名法利；以是不墮一切諸見戲論分別常斷二邊。大慧！外道世論令諸癡人墮在二邊，謂：常及斷，受無因論則起常見，以因壞滅則生斷見。我說不見生住滅者名得法利，是名財、法二差別相。汝及諸菩薩摩訶薩應勤觀察。」

爾時大慧菩薩摩訶薩復白佛言：「世尊！佛說涅槃，說何等法以為涅槃？而諸外道種

邊。大慧！外道世論使諸癡人墮於常、斷等二邊，以無因論，則起常見；以因壞滅，則起斷見。我說不見生住異滅者名得法利。這就是財、法二利之區別，你及諸大菩薩對此應當勤加觀察思維。」

然後，大慧菩薩又對世尊說道：「世尊啊！佛說涅槃，究竟怎樣的境界是涅槃？一切外道所分別的涅槃是指什麼？」

種分別。」

佛言：「大慧！如諸外道分別涅槃，皆不隨順涅槃之相。諦聽！諦聽！當為汝說。大慧！或有外道言，見法無常不貪境界，蘊、界、處滅，心心所法不現在前，不念過現未來境界，如燈盡、如種敗、如火滅，諸取不起分別不生，起涅槃想。大慧！非以見壞名為涅槃；或謂至方名得涅槃，境界想離猶如風止；或謂不見能覺所覺名為涅槃；或謂不起分

佛說道：「大慧啊！那些外道分別涅槃，但並沒有他們所分別的涅槃。好好地聽！請仔細地聽！我會為你講述。大慧啊！有些外道描述滅除蘊、界和處，法無常，在一切境界上完全離開貪欲了，見一切法是無常的，各種心境心所的法都不生了，不憶念過去、將來和現在的境界，如同燈、種子和火，不再執取，因此不起分別，這是他們的涅槃想法。大慧啊！涅槃並非依靠看見毀滅；也並非如另一些描述解脫是前往另一個地方，境界分別停止，如同風；也並非另一些設想解脫是不起常無常見分別；也並非另一些描述分別種種相造成痛苦產生，而不通曉唯自心所現，他們懼怕相，看到無

別常無常見，名得涅槃；或有說言，分別諸相發生於苦，而不能知自心所現，以不知故怖畏於相以求無相，深生愛樂執為涅槃；或謂覺知內外諸法自相共相去來現在有性不壞，作涅槃想；或計我人眾生壽命及一切法無有壞滅，作涅槃想；復有外道無有智慧計有自性，及以士夫求那轉變作一切物，以為涅槃；或有外道計福非福盡，或計不由智慧諸煩惱盡，或計自在是實作者，以為

相，而追求這種快樂，成為他們的涅槃想法；也並非另一些覺知內外一切自相和共相不毀滅，過去、未來和現在存在，而設想涅槃；也並非另一些依據自我、眾生、壽命和一切法不毀滅，設想涅槃；也並非另一些外道沒有智慧，說有自性以及士夫求那（指數論派，建立士夫及根本自性。由於二者相輔相成，人於心中生起世界幻相。士夫就是神我。求那是原質。）幻變一切事物，而設想涅槃；也並非另一些依據功德盡和不盡；也並非另一些依據有智慧而煩惱盡，也並非另一些認為自在天是獨立的創世者，而設想涅槃；也並非另一些認為世界是互相轉出，和合而成，並無作用，而這正是執著作用，因愚癡不覺知，因不覺知而設想涅槃；也並非也並

涅槃；或謂眾生展轉相生，以此為因更無異因，彼無智故不能覺了，以不了故執為涅槃；或計證於諦道虛妄分別以為涅槃；或計求那與求那者而共和合，一性異性俱及不俱，執為涅槃；或計諸物從自然生，孔雀文彩棘針銛利，生寶之處出種種寶，如此等事是誰能作？即執自然以為涅槃；或謂能解二十五諦即得涅槃；或有說言，能受六分守護眾生斯得涅槃；或有說言，時生世間，時

非另一些外道依據達到真諦道，設想涅槃；也並非另一些依據性質（求那）和有性質者（求那者）兩者結合，看到一和異、雙、雙和非雙，而形成涅槃想法；也並非另一些看到自然界它能自然生出來的一些東西，比如孔雀文彩、種種雜寶及利刺等性，好像沒有因緣，不假因緣，就能生出五彩繽紛的自然現象，以為這就是涅槃；也並非另一些依據覺知二十五諦（神我（士夫）和神我，作用起來生一個「大」，「大」生「我慢」，「我慢」就生「五唯」（色聲香味觸）和「五根」（眼耳鼻舌身），且生了「五作業根」（舌根、手根、腳根、男女根、大遺根），「五唯」又生了「五大」，地水火風空。除了神我和自性以外，又生出來二十三個，合起來一

即涅槃；或執有物以為涅槃；或計無物以為涅槃；或有計著有物無物為涅槃者；或計諸物與涅槃無別，作涅槃想。大慧！復有異彼外道所說，以一切智大師子吼說，能了達唯心所現不取外境，遠離四句住如實見，不墮二邊離能所取，不入諸量不著真實，住於聖智所現證法，悟二無我，離二煩惱，淨二種障，轉修諸地入於佛地，得如幻等諸大三昧，永超心意及以意識，名得涅槃。大慧！彼諸

共二十五個，這個是數論派的理論，叫二十五諦），也並非另一些依據王國遵守六德教誡，設想涅槃；也並非另一些認為時間是創造者，世界出現依靠時間，故而依據這種覺知，設想涅槃；也並非另一些依據有，另一些依據無，另一些依據有和無，另一些依據有和涅槃無差別，設想涅槃。大慧！還有一些外道，以一切智的獅子吼，能了達自心唯心所現不執著著外界事物，遠離四句，看到如實所在，不陷入自心所現分別二邊，所取和能取皆不可得，不執取一切量，不執著真實，由得內自證殊勝法，現證二無我，脫離二煩惱，淨除二種障，依次向上進入諸地，達到如來地，獲得如幻等等一切入定，心、意和意識轉離，而設想涅槃。大慧啊！諸如此類外

外道虛妄計度不如於理，智者所棄，皆墮二邊作涅槃想。於此無有若住若出，彼諸外道皆依自宗而生妄覺，違背於理無所成就，唯令心意馳散往來，一切無有得涅槃者。汝及諸菩薩宜應遠離。」

道思辨者所說皆不合道理，為智者們所摒棄，所有這些都陷入二邊和相續，而設想涅槃。一切外道以諸如此類分別，妄想涅槃。而這裡既無所出現，也無所消失，每種外道都道依於自宗而生起妄想，違背真實義理無所成就，由於心的來去流動，任何一種外道的涅槃都不存在。你和其他的大菩薩應該遠離擺脫一切外道涅槃見解。」

第03品　無常品第三之餘

為何正等覺者是永離一切諸根境界的呢？

【要義】

大慧菩薩問佛的正覺。佛說如來的正覺，不是見聞覺知的那種分別可以得到的，也不是這些見聞覺知的分別可以想像的，比如說佛跟五陰非一非異，非有造作非無造作，非因非果。凡夫妄想抓著有自性可得，但是也非無自性。因為自性涅槃是本來法爾的，有無都相對而立的，所以凡是相對的兩邊都不應該立。如果不瞭解諸法離言無我，抓著名相假設，就墮入兩邊，那就自壞壞人。所以菩薩要脫離這一切過患，要修習正觀，通達佛義。

佛繼續跟大慧說，愚癡的凡夫說「義如言說」，真義跟言說一樣，且「惟止言說」，以為除了言說以外，沒有別的意思。而大菩薩應依於義，莫依於文字。一切言說都是限於文字，但真實的意義是不限於文字的，因為「離性非性故，無受生亦無身。」只有離開語言文字方便假說的限制，才能夠了解如來一切句義，也就了解了佛的真實面目。

佛言：「大慧！如來、應、正等覺，非作非非作，非果非因，非相非所相，非說非所說，非覺非所覺。何以故？俱有過故。大慧！若如來是作則是無常，若是無常，一切作法應是如來，我及諸佛皆不忍可。若非作法則無體性，所修方便悉空無益，同於兔角、石女之子，非作因成故。若非因非果則非有非無，若非有非無則超過四句；言四句者，但隨世間而有言說；若超過四句惟有言說，

佛說：「大慧！如來、應供、正等覺既不是作法，也不是非作法，非果亦非因，非相亦非所相，非說亦非所說，非覺亦非所覺，為什麼呢？因為這樣說都有過失。大慧！若如來是作法，則是無常，若如來是無常，一切作法應是如來，這是我及諸佛都不能同意的。若如來非是作法，則無有體性，那麼，一切修行悉皆無益，如同說兔子頭上有角，石女生子，因不是作法之因所成的緣故。若如來非事相的因也非事相的果，則非有非無，若非有非無，是離開四句的；**四句**（不墮一異、俱不俱、有無非有無、常無常）**都是世間的言說；若離開四句還有言說，就像是石女生子**。大慧！石女生子只有言說不墮四句，因為不墮四句所以不可度量，一切智

則如石女兒。大慧！石女兒者惟有言說不墮四句，以不墮故不可度量，諸有智者，應如是知如來所有一切句義。

大慧！如我所說諸法無我，以諸法中無有我性故說無我，非是無有諸法自性；如來句義應知亦然。

大慧！譬如牛無馬性馬無牛性，非無自性，一切諸法亦復如是，無有自相，而非有即有，非諸凡愚之所能知。何故不知？以分別故。一切法空，

者，應這樣知如來一切句義。一切如來說的話都是離開四句的。

大慧！就像我所說的諸法無我，因為諸法中無有我性，故說諸法無我，不是諸法中沒有他自己的自性，如來句義也是這樣。

大慧！譬如牛無馬性，馬無牛性，非牛無牛自性、馬無馬自性，一切諸法也是這樣，不是有自相，而非沒有法身常住之性，非凡愚之所能知。為什麼呢？因為愚癡凡夫執著於虛妄分別。一切法空，一切法無生，一切法無自性，也是這樣。

一切法無生，一切法無自性，悉亦如是。

大慧！如來與蘊非異非不異，若不異者應是無常，五蘊諸法是所作故。若異者，如牛二角有異不異，互相似故不異，長短別故有異，如牛右角異左、左角異右，長短不同色相各別；然亦不異。如於蘊於界、處等，一切法亦如是。

大慧！如來者依解脫說，如來解脫非異非不異；若異者，如來便與色相相應，色相

大慧！佛與五蘊，色受想行識，是相同也是不相同，如果相同的話，則如來應是無常，因為五蘊都是所作法。如果不相同，正如牛之雙角，既相同又不相同，互相似因此相同，長短各不同因此不同。如牛右角異於左角，左角異於右角，長短色相各不相同；但雙角又相同。如來與蘊界處非異非不異也是這樣。

大慧！同樣，如來與解脫不異，又非不異；如果如來與解脫相異，則具有色相。具有色相則為無常；如果不異，則修行者應沒有差別。然而，事實

相應即是無常；若不異者，修行者見應無差別，然有差別故非不異。如是智與所知，非異非不異；若非異非不異，則非常非無常，非作非所作，非為非無為，非覺非所覺，非相非所相，非蘊非異蘊，非說非所說，非一非異，非俱非不俱，以是義故超一切量；超一切量故惟有言說，惟有言說故則無有生，無有生故則無有滅，無有滅故則如虛空。大慧！虛空非作非所作，非作非所作故遠

上是有差別的，因此不異又非不異。與此相類似，如來覺智法身與所知之蘊界處，非異非不異；因為如來與「五蘊」諸法非異非不異，故如來非常非無常，非作非所作，非有為非無為，非覺非所覺，非相非所相，非蘊非異蘊，非說非所說，非一非異，非俱非不俱，它又是離一切度量的。因此，如來真實法身，超出見聞覺知一切心量，離開了一切量，就無言說，無言說則無生，無生則無滅，無滅則寂滅如同虛空。大慧！虛空非作非所作，因為虛空非作非所作，所以遠離一切攀緣，因為遠離一切攀緣，所以它超越一切妄想戲論，此超越一切妄想戲論者，即是如來，如來即是正等覺之體，**所謂正等覺者則是永離一切諸根境界。」**

離攀緣，遠離攀緣故出過一切諸戲論法，出過一切諸戲論法即是如來，如來即是正等覺體，正等覺者永離一切諸根境界。」

佛言：「諦聽！當為汝說。大慧！我說如來非是無法，亦非攝取不生不滅，亦不待緣亦非無義。我說無生，即是如來意生法身別異之名，一切外道、聲聞獨覺、七地菩薩不了其義。大慧！譬如帝釋地及虛空乃至手足，隨一一物各有多名，非以名多而有多體，亦非無體。

佛說：「好好聽著！我會為你講述。大慧！如來不是不存在，也不是稱說一切法不生不滅，不是有賴緣起，也不是無意義。我說無生即是如來覺法自性，意成法身之異號，一切外道、聲聞、緣覺乃至七地菩薩皆不能了知。大慧！譬如帝釋、虛空乃至手足，一一物各有多名，因陀羅、帝釋天和摧毀城堡者，手、掌和手掌，身、身體和軀體，地、土地和大地，天、空和天空，諸如此類事物，每種事物有多種不同名稱。並非有多種名稱，而有多種事

大慧！我亦如是，於此娑婆世界有三阿僧祇百千名號，諸凡愚人雖聞雖說，而不知是如來異名，其中或有知如來者，知無師者，知導師者，知勝導者，知普導者，知是佛者，知牛王者，知梵王者，知毘紐者，知自在者，知是勝者，知迦毘羅者，知真實邊者，知無盡者，知瑞相者，知如風者，知如火者，知如俱毘羅者，知如月者，知如日者，知如王者，知如仙者，知戌迦者，知因陀羅者，

物。大慧！我也是這樣，在這個娑婆世界（即堪忍世界）有無數無量百千名號，諸愚癡凡夫雖然聽聞雖然用這些名稱談論我，但不知道這些是佛不同的名字而已，其中有些人知道我是如來，有些人知道我是自在，有些人知道我是導師，引導者，指導者，佛陀、仙人。雄牛，梵天，毘濕奴，自在天，至尊，迦毘羅，真實邊，堅輞，月亮，太陽，羅摩，毘耶娑，蘇迦，因陀羅，缽利，伐樓那。另一些人知道我不生不滅，空性，真如，真諦性，如實性，實際，法界，涅槃，常，平等性，無雙，不滅，無相，緣起，說佛因，解脫，道真諦，知一切，勝者，意成身，諸如此類，足有無數三百千名稱，無增無減，這裡和其他世界的聖眾知道我，猶如水中月，不入

知明星者，知大力者，知如水者，知無滅者，知無生者，知性空者，知真如者，知是諦者，知實性者，知實際者，知法界者，知涅槃者，知常住者，知平等者，知無二者，知無相者，知寂滅者，知具相者，知因緣者，知佛性者，知教導者，知解脫者，知道路者，知一切智者，知最勝者，知意成身者，如是等滿足三阿僧祇百千名號，不增不減。於此及餘諸世界中，有能知我如水中月不入

不出，然而**愚痴凡夫們始終陷入二邊並不理解，他們尊重我，尊敬我，供奉我，但不通曉句義，執著言說教法，昧於如來真實**。他們會妄想不生不滅是不存在，不理解如來的別名。**他們對於一切法，於諸法中隨言取義。愚癡凡夫更是這樣說，義如言說，二者無異**。為什麼呢？因為義無體性。這種人不知言語音聲無有體性，所以說言說即義，無別自體。大慧，此種人**不知言說有生滅，而義無生滅**。

不出，但諸凡愚心沒二邊不能解了，然亦尊重承事供養，而不善解名字句義，執著言教昧於真實，謂無生無滅是無體性，不知是佛差別名號；如因陀羅釋揭羅等，以信言教昧於真實，於一切法如言取義，彼諸凡愚作如是言，義如言說義說無異。何以故？義無體故。是人不了言音自性，謂言即義無別義體。大慧！彼人愚癡，不知言說是生是滅、義不生滅。

大慧！一切言說墮於文

大慧！一切言說都是限於文字，但真實的意義

字，義則不墮，離有離無故，無生無體故。大慧！如來不說墮文字法，文字有無不可得故，惟除不墮於文字者。大慧！若人說法墮文字者，是虛誑說。何以故？諸法自性離文字故。是故，大慧！我經中說，我與諸佛及諸菩薩，不說一字不答一字。所以者何？一切諸法離文字故，非不隨義而分別說。大慧！若不說者教法則斷，教法斷者則無聲聞緣覺菩薩諸佛，若總無者誰說為誰？是故，

是不限於文字的。大慧！**因為義離有、無，不受生，無身相**。大慧！如來不依文字說法，文字者，有無皆不可得。大慧！若人依於文字以說真實，則此人是空談者。為什麼呢？因為**諸法真實性超越文字**。所以，大慧！佛經中說，我與諸佛及諸菩薩，不說一字，也不答一字。為什麼這樣呢？因為**一切諸法離文字，並非不依義而說只是依分別而說**。大慧！如果不說，教法就會消失，一切教法消失，則無聲聞、緣覺、菩薩、諸佛，那麼，誰說法？為誰說？所以，大慧！**大菩薩應當不執著文字，隨機說法**。我及諸佛皆隨眾生的煩惱心欲的種種不同而方便說法，**使他們了達諸法是自心所現，無外境界，遠離二取分別，讓他們遠離心、意和意識，並非藉言教**

大慧！菩薩摩訶薩應不著文字隨宜說法。我及諸佛皆隨眾生煩惱解欲，種種不同而為開演，令知諸法自心所見無外境界，捨二分別轉心意識，非為成立聖自證處。

大慧！菩薩摩訶薩應隨於義莫依文字，依文字者墮於惡見，執著自宗而起言說，不能善了一切法相文辭章句，既自損壞亦壞於他，不能令人心得悟解。若能善知一切法相，文辭句義悉皆通達，則能令自身

成立如來自覺聖智所證處。

大慧！**大菩薩應依於義，莫依於文字。依文字者，墮於惡見，執著自宗，而起言說，不能了達一切法相文字章句，**（不依義而依語言文字，就是破壞第一義諦）既毀滅自己，也不能令他人心得悟解。若能善知一切法的真實義，通達一切法相文字章句，則不但能使自己得無相樂，還能使他人安住大乘。若能使他人安住於大乘，則得一切諸佛、菩

受無相樂，亦能令他安住大乘。若能令他安住大乘，則得一切諸佛聲聞緣覺及諸菩薩之所攝受；若得諸佛聲聞緣覺及諸菩薩之所攝受，則能攝受一切眾生；若能攝受一切眾生，則能攝受一切正法；若能攝受一切正法則不斷佛種；若不斷佛種則得勝妙處。大慧！菩薩摩訶薩生勝妙處，欲令眾生安住大乘，以十自在力現眾色像，隨其所宜說真實法。真實法者，無異無別不來不去，一切戲論

薩、聲聞、緣覺之所攝受；若得一切諸佛、菩薩、聲聞、緣覺之所報受，則能攝受一切眾生；若攝受一切眾生，則能攝受一切正法；若能攝受一切正法，則不斷佛種；若佛種不斷絕，也就會知道獲得殊勝入處。大慧！大菩薩得生殊勝處，為了讓眾生安住大乘，以十自在力現種種像，隨眾生之根機，說真實法。真實法者，無別異，無來亦無去，息滅諸戲論。所以，大慧！善男子、善女人，**不應依著語言文字執著它的真實義。為什麼呢？因為一切真實之法離於語言文字。**

悉皆息滅。是故，大慧！善男子、善女人，不應如言執著於義。何以故？真實之法離文字故。

大慧！譬如有人以指指物，小兒觀指不觀於物；愚癡凡夫亦復如是，隨言說指而生執著，乃至盡命終不能捨文字之指取第一義。大慧！譬如嬰兒應食熟食，有人不解成熟方便，而食生者則發狂亂；不生不滅亦復如是，不方便修則為不善，是故宜應善修方便，莫

大慧！譬如有人以手指指物，幼兒觀指不觀物；**愚癡凡夫也是這樣，隨語言文字而起執著，直至命終都不能捨棄文字之「指」，而取真實義。**大慧！好比嬰孩、小孩子應該吃熟食，不應該吃生食，有人不知道按照步驟準備食物，而讓其吃生食就發病；不生不滅法門也是這樣，不以方便善巧修行，則不能入此法門，所以**應當善於方便修行，莫隨語言文字而生執著，就像不觀於物而觀指端。**

隨言說如觀指端。

大慧！實義者，微妙寂靜是涅槃因，言說者，與妄想合流轉生死。大慧！實義者從多聞得，多聞者謂善於義非善言說，善義者不隨一切外道惡見，身自不隨亦令他不隨，是則名曰於義多聞，欲求義者應當親近，與此相違著文字者宜速捨離。」

佛言：「大慧！我之所說不生不滅，不同外道不生不滅，不生無常論。何以故？外道所

大慧！真實義者，寂靜微妙，是證得涅槃的原因，**言說是分別妄想**，而**分別妄想這是流轉生死的因**。大慧！**真實義從博聞者那裡獲得，所謂博聞，是擅長義，而非擅長於言說（擅長音）**，善其義者，不隨順一切外道惡見，非但自己不隨順，而且也使別人隨順，這才是真正的多聞善義，求義者應當多親近，跟這相反，執著言說，不善義，那樣的人應當遠離。」

佛說：「大慧！我之所說不生、不滅，不同於外道所說之不生、不滅，不生無常論。區別在哪裡呢？外道計著一切諸法有實相性，不生、不滅，而

說，有實性相不生不變；我不如是墮有無品。我所說法，非有非無離生離滅。云何非無？如幻夢色種種見故；云何非有？色相自性非是有故，見不見故，取不取故。是故我說一切諸法非有非無。若覺惟是自心所見，住於自性分別不生，世間所作悉皆永息；分別者是凡愚事，非賢聖耳。

大慧！妄心分別不實境界，如乾闥婆城、幻所作人。大慧！譬如小兒見乾闥婆城及

我則不落有無二見。我所說法，非有非無，離生離滅。為什麼非無？如見種種外境如幻如夢；為什麼非有呢？影像實無自性，能所見取皆不可得。所以我說一切諸法非有非無。若覺諸法唯是自心所見，住於自性，分別不生，世間一切諸法能安住於無作界；妄想分別，是凡愚之所為，而聖賢們不這樣。

大慧！妄心分別之不實境界，如乾闥婆城及魔術師所變出的種種幻化之人。大慧！就像小孩見有乾闥婆城（海市蜃樓）及幻化的商賈出入，妄心分

以幻人商賈入出，迷心分別言有實事，凡愚所見，生與不生有為無為悉亦如是。如幻人生如幻人滅，幻人其實不生不滅，諸法亦爾離於生滅。

大慧！凡夫虛妄起生滅見，非諸聖人。言虛妄者，不如法性起顛倒見，顛倒見者，執法有性不見寂滅，不見寂滅故，不能遠離虛妄分別。是故大慧！無相見勝，非是相見。相是生因，若無有相則無分別，不生不滅則是涅槃。大慧！言

別而說確實有這樣的事，凡夫愚癡所見生與不生、有為無為也是這樣。如幻化之人生，如幻化之人滅，幻化之人其實不生不滅，諸法也是這樣，遠離於生滅。

大慧！凡夫虛妄起生滅見，聖人不是如此。所謂虛妄者，不依真實義，而起顛倒見。顛倒見者，執著諸法有自性，不見諸法自性本來寂靜，不見諸法自性本寂就不能離於虛妄分別。所以，大慧啊！**如來以其無相見勝於外道之有相之見**。有相之見，以不生不滅為受生因，若無有相，則無有虛妄分別，寂靜常住就是涅槃。大慧！**所謂涅槃是依真實見捨分別想，離心、心所法，獲如來自覺聖智所證**

涅槃者，見如實處捨離分別心心所法，獲於如來內證聖智，我說此是寂滅涅槃。」

境界，我說這就是寂滅涅槃。」

第04品　現證品第四

為何說第一義中言思路絕，諸法本來寂滅呢？

【要義】

佛已經說如來藏的法義，又說了修證之道，及如何修離垢證如來藏。本品講如何證果，說如來的心識狀態。這是正宗分的第三個大部分，證如來藏心識。首先說滅正受次第。證如來藏是有次第的，一切菩薩和聲聞緣覺乘的滅正受次第相續。

聲聞、緣覺至八地菩薩中，沉醉於由滅盡而起之樂，未能善了諸法唯心所見，為自、共相習氣所薰，計著人、我二無我，生涅槃想，不見諸法本來寂滅。大菩薩善知唯心所現，遠離能取、所取境界，了達諸法唯是心現，於一切法不生分別，不執著於心識及心識外種種性相，如此而能入於如來自覺聖智所證境界。

爾時大慧菩薩摩訶薩復白佛言：「世尊！願為我說一切聲聞緣覺入滅次第相續相，令我及諸菩薩摩訶薩善知此已，於滅盡三昧樂心無所惑，不墮二乘及諸外道錯亂之中。」

佛言：「諦聽！當為汝說。

大慧！菩薩摩訶薩至於六地，及聲聞緣覺入於滅定，七地菩薩念念恒入，離一切法自性相故非諸二乘。二乘有作墮能所取，不得諸法無差別相，了善不善自相共相入於滅定，

那時，大慧菩薩又對佛說：「世尊！請為我解說一切聲聞、緣覺入滅次第相續相，憑藉通曉次第連續相，我和諸大菩薩了達此相後，能於滅盡定之樂心無所迷惑，不墮於二乘及諸外道之錯亂心境中。」

佛說道：「好好聽著！我會為你講述。

大慧！大菩薩至於六地、以及聲聞、緣覺斷三界煩惱生死，皆能入於滅盡定，七地菩薩就沒有間斷，念念正受，就常住定中，遠離一切事物自性相，不同於二乘。**二乘的滅盡定有所作為，墮於能取、所取，並沒有達到一切法無差別相**，於一切法相，仍於其自性相中分別為善不善，因此不能念念

是故不能念念恒入。大慧！八地菩薩聲聞緣覺，心、意、意識分別想滅，始從初地乃至六地，觀察三界一切唯是心、意、意識自分別起，離我我所，不見外法種種諸相。凡愚不知，由無始來過惡薰習，於自心內變作能取所取之相而生執著。

大慧！聲聞緣覺至於菩薩第八地中，為三昧樂之所昏醉，未能善了惟心所見，自共相習纏覆其心，著二無我生涅槃覺，非寂滅慧。大慧！諸菩薩摩訶

恆入滅盡正受。大慧！**在第八地，大菩薩、聲聞和緣覺擺脫心、意和意識分別妄想**，他們從初地至第六地，觀察到三界唯心、意和意識，產生於自心妄想分別，遠離我和我所，不陷入種種外界事物相。愚夫們對此不了知，受無始惡劣分別戲論習氣薰染變現能取、所取之相，故起執著。

大慧！聲聞、緣覺一直到八地菩薩定境中，沈醉於由滅盡樂，不能善於了知諸法唯心所現，與由自相、共相義所流出之習氣，於是計著人、二無我而生涅槃想，這不是寂靜法之智覺。大慧！大菩薩雖達無生三昧樂境，就算憶念本願大悲，為化度一

薩見於寂滅三昧樂門，即便憶念本願大悲，具足修行十無盡句，是故不即入於涅槃，以入涅槃不生果故，離能所取故，了達惟心故，於一切法無分別故，不墮心意及以意識外法性相執著中故；然非不起佛法正因，隨智慧行如是起故，得於如來自證地故。大慧！如人夢中方便度河，未度便覺，覺已思惟向之所見，為是真實？為是虛妄？復自念言：『非實非妄，如是但是見聞覺知，曾所

切眾生，不入於涅槃，但非不起佛法正因，惟隨於智慧如實修行，遠離能取、所取境界，了達諸法唯是心現，於一切法不生分別，不執著於心識及心識外種種性相，如是入於如來自覺聖智所證境界。大慧！譬如人於夢中渡河，渡至河中便醒過來，發現身邊並沒有水，其時便想，剛才夢中所見是真實？是虛妄？又對自己說：『這實際上只是無始見聞覺知薰習不斷，因此墮入有、無的念頭，只是心意識妄想顯現而已。』大慧！大菩薩也是這樣，從初地到七地乃至第八地，得無分別見，了達一切諸法如夢、如幻，遠離能取、所取，了知心、心所廣大力用，勤修佛法，令諸眾生未證得者亦能證得如此境界，離諸心識分別妄想，了悟諸法不生、不滅的道

更事分別習氣，離有無念意識夢中之所現耳。』大慧！菩薩摩訶薩亦復如是，始從初地，而至七地，乃至增進入於第八得無分別，見一切法如幻夢等離能所取，見心心所廣大力用，勤修佛法未證令證，離心、意、意識妄分別想獲無生忍，此是菩薩所得涅槃，非滅壞也。大慧！第一義中無有次第亦無相續，遠離一切境界分別，此則名為寂滅之法。」

理。這是菩薩所得涅槃，而非壞滅。大慧！**第一義中言思路絕，無次第也無相續，唯遠離一切境界分別，這就是寂滅。**」

第05品　無常品第五

為什麼如來不是常也不是無常呢？

【要義】

本品說如來常無常。前面大慧已問，證如來藏，在菩薩修行過程當中的境界、心識的狀態怎麼樣，佛就說從初地到十地菩薩的心態。從世俗來說這些境界的修證是有次第的，就第一義勝義諦來說是無次第的。

大慧菩薩接著問佛，如來是常還是無常？佛說如來不是常也不是無常，這二種說法都有錯誤。如果如來是常，有能作的錯誤，那就有造作的主宰，這是一切外道說的；如果如來是無常，有所作的錯誤，諸蘊所相和能相不存在，造物隨諸蘊滅而斷滅，而如來實際不斷滅。佛答覆了這些問題。

爾時大慧菩薩摩訶薩復白佛言：「世尊！如來、應、正等覺，為常為無常？」

佛言：「大慧！如來、應、正等覺，非常非無常。何以故？俱有過故。云何有過？大慧！若如來常者，有能作過，一切外道說能作常；若無常者，有所作過，同於諸蘊為相所相，畢竟斷滅而成無有，然佛如來實非斷滅。大慧！一切所作如瓶衣等，皆是無常，是則如來有無常過，所修福智悉空無益。

那時，大慧菩薩又對佛說：「世尊！如來、應、正等覺（皆為佛的稱號），是常還是無常？」

佛說：「大慧！如來、應、正等覺，不是常也不是無常。為什麼呢？這二種說法都有錯誤。怎麼說有錯誤呢？大慧！如果如來是常，有能作的錯誤，那就有造作的主宰，這是一切外道說的；如果如來是無常，有所作的錯誤，諸蘊所相和能相不存在，造物隨諸蘊滅而斷滅，而如來實際不斷滅。大慧！一切所作，如瓶、衣等皆是無常，如來如果也是無常的話，一切智者修智之功德即成無益，所以不能這麼說是無常。凡所作皆應無差別，如是凡所作皆成如來，因此如來非常非無常。還有，大慧又諸作法應是如來，無異因故，是故如來非常非無常。復次，大慧！如來非常，若是常者，應如虛空不待因成。大慧！譬如虛空非常非無常。何以故？離常無常若一若異俱不俱等諸過失故。復次，大慧！如來非常，若是常者，則是不生，同於兔馬魚蛇等角。

復次，大慧！以別義故亦得言常。何以故？謂以現智證常法故，證智是常、如來亦常。大慧！諸佛如來所證法性，法住法位，如來出世若不出世常

啊！如來不是常，若是常的話，應會陷入如同虛空，不待因而成。大慧啊！如同虛空非常非無常。為什麼呢？因為**虛空離常與無常，不墮一異、俱不俱、有無非有無、常無常等等過失，不可言說**。此外，如來不是常，如果是常的話，則是不生，如同兔、馬、魚、蛇等角。

還有，大慧啊！按照另一種說法，如來是常。為什麼呢？現證智有常性，所以如來是常。大慧啊！如來、阿羅漢、正等覺的現證智是常。大慧啊！**諸佛如所證法性，法住法位，無論如來出世不出世，法性常住，此法性可見於一切二乘外道的現**

住不易，在於一切二乘外道所得法中，非是空無，然非凡愚之所能知。

大慧！夫如來者，以清淨慧內證法性而得其名，非以心、意、意識、蘊、界、處法妄習得名；一切三界皆從虛妄分別而生，如來不從妄分別生。大慧！若有於二有常無常，如來無二，證一切法無生相故，是故非常亦非無常。大慧！乃至少有言說分別生，即有常無常過，是故應除二分別覺勿令少在。」

證中，並不是空無的，但是愚癡凡夫們卻不理解。

大慧啊！如來是以清淨智慧內證法性而得其名的，並非以心、意、意識、蘊、界、處法妄習得名；；一切三界產生於不實妄想分別，而如來不產生於不實妄想分別。大慧！若取於二，有常與無常，如來是無二，因為以一切法之性相為無二無生，因此如來非常也非無常。大慧啊！只要出現言語分別，就會陷入常和無常的錯誤。因此應清除對常和無常的執取，滅除二分別智，而不是滅除寂靜智。」

第06品　刹那品第六

如來藏的本性是清淨的嗎？
要如何才能如實知見
如來藏五法體相、三自性、二無我，
不為外道惡見所動呢？

【要義】

此品首先說陰界入（陰為五陰，界為十八界，入為十二入）的生滅以證成如來藏。大慧提問佛講過陰界入都是無我的，既沒有我，也沒有我所，既然都是無我了，誰在生滅，既然無我，誰當生死，誰得解脫這個問題。

佛說明如來藏就像個魔術師一樣，變現地獄、餓鬼、畜生、人、天，各種物像，但是魔術師所變現的這些東西，因為既然像魔術一樣的變幻而成者，實在是沒有我和我所的。如來藏像魔術師一樣，能夠變現六道眾生的根身器界，他是得善果的因，也是得不善果的因。凡夫不知道這種變化，執著這些不實外境，這樣根、塵、識這個三緣和合而生，以至流轉生死；而外道也不知道如來藏像魔術一樣的變化，執著有一個造物主。

接著正明五法，通攝三性。五法即「名、相、妄想、正智、如如」，若按這五法修行，進入如來的自覺聖道，離於斷常有無等見。不覺五法這些東西都是唯心所現，而妄起分別，那就不是聖智。進一步說五法可以攝受包括三自性、八識、二無我。

爾時大慧菩薩摩訶薩復白佛言：「世尊！惟願為我說蘊、界、處生滅之相，若無有我，誰生誰滅？而諸凡夫依於生滅，不求盡苦不證涅槃。」

佛言：「大慧！諦聽！諦聽！當為汝說。大慧！如來藏是善不善因，能遍興造一切趣生。譬如伎兒變現諸趣離我我所，以不覺故，三緣和合而有果生。外道不知執為作者，無始虛偽惡習所熏，名為藏識，生於七識無明住地，譬如大海

那時，大慧菩薩又對佛說：「世尊！請為我解說蘊、界、處諸法生滅之相，若諸法中無我，那麼，是誰生誰滅？而諸凡夫依於生滅，不知滅苦，不知解脫的涅槃。」

佛說：「大慧！好好聽著！仔細聽著！我當為你解說。大慧！如來藏是一切得善果的因，也是得不善果的因，如來藏是能興起造就六道生死法的本體。就像演員表演擺脫我和我所變現地獄、餓鬼、畜生、人、天，各種物像，是因為不覺知如來藏，才有三緣和合作用。外道不覺知，執著作因，受無始種種戲論惡劣習氣熏染，稱為阿賴耶識，產生於無明習氣之地的七識，就像海浪一樣，體性相續不

而有波浪，其體相續恒注不斷，本性清淨，離無常過、離於我論。其餘七識意意識等念念生滅，妄想為因、境相為緣和合而生，不了色等自心所現，計著名相起苦樂受，名相纏縛，既從貪生復生於貪，若因及所緣，諸取根滅不相續生，自慧分別苦樂受者，或得滅定，或得四禪，或復善入諸諦解脫，便妄生於得解脫想，而實未捨未轉如來藏中藏識之名。若無藏識，七識則滅。何以故？因

斷滅，本性清淨，遠離無常性錯誤，擺脫自我論。而意識等其他七識剎那生滅，妄想分別為因、境相為緣合和而產生，不知道一切自心所現色相皆是唯從自心如來藏所現，執著名和相。覺知自心所現色相起苦樂受，在此中為名、相所纏，產生貪欲，貪欲又產生名和相，互為原因，若執取的諸根毀滅，其他的識也就不相繼產生，不感受自心分別的苦樂，進入滅想受定，或得滅定，通曉四禪，或又善入真諦解脫，便妄生得真解脫想，其實尚未捨棄虛偽習氣，未能轉識成智。若無藏識，七識無依，習氣亦滅為真解脫。為什麼呢？因為藏識是所依、所緣，其餘諸識方得生。此非外道二乘等修行者之境界，因為他們只見人無我，不達法無我，執苦於

彼及所緣而得生故。然非一切外道二乘諸修行者所知境界，以彼惟了人無我性，於蘊、界、處取於自相及共相故，若見如來藏五法自性諸法無我，隨地次第而漸轉滅，不為外道惡見所動，住不動地得於十種三昧樂門，為三昧力諸佛所持，觀察不思議佛法及本願力，不住實際及三昧樂獲自證智，不與二乘諸外道共，得十聖種性道及意生智身離於諸行。是故，大慧！菩薩摩訶薩欲得勝法，

蘊界處諸法之自、共相，若能如實知見如來藏五法體相、三自性、二無我，轉識成智，不為外道惡見所動，住於不為一切煩惱所動之不動地，了十種如幻三昧，為彼三昧力所持，任運修行不思議的佛法及自己的本願力，不住於三昧樂境，獲自覺聖智，遠超二乘及諸外道，證十地聖人之道，意生法身，離於功用諸三昧行。所以，大慧啊！大菩薩欲得勝淨微妙佛法，應轉染成淨轉識成智。大慧！若無如來藏名藏識，則無生滅。然而諸凡夫及聖人皆有生滅，所以一切修行者，雖見自住境地，住現法樂三昧，但不捨於勇猛精進。大慧！**此如來藏藏識本性清淨，為客塵所染，而為不淨，一切二乘及諸外道臆度起見不能現證，而一切如來不是這樣，對於一**

應淨如來藏藏識之名。大慧！若無如來藏名藏識者，則無生滅。然諸凡夫及以聖人悉有生滅，是故一切諸修行者，雖見內境界住現法樂，而不捨於勇猛精進。大慧！此如來藏藏識本性清淨，客塵所染而為不淨，一切二乘及諸外道，臆度起見不能現證，如來於此分明現見，如觀掌中菴摩勒果。

大慧！我為勝鬘夫人及餘深妙淨智菩薩，說如來藏名藏識，與七識俱起，令諸聲聞見

切如來，眼前境界如同掌中菴摩勒果。（菴摩勒果是印度的一種可以食用的果實。如來藏的境界，只有內證自知，修到離垢就會證得如來藏。到了佛的境界，現前境界就好像手上的果子一樣，看得清清楚楚，歷歷分明。）

大慧！我為勝鬘夫人及諸深妙淨智菩薩說如來藏名藏識，與餘七識共起諸法，使諸聲聞得見法無我。大慧！我此為勝鬘夫人所說是佛境界，非是外

法無我。大慧！為勝鬘夫人說佛境界，非是外道二乘境界。大慧！此如來藏藏識是佛境界，與汝等比淨智菩薩隨順義者所行之處，非是一切執著文字外道二乘之所行處。是故汝及諸菩薩摩訶薩，於如來藏藏識當勤觀察，莫但聞已便生足想。」

爾時世尊重說頌言：

「甚深如來藏，而與七識俱；

執著二種生，了知則遠離。

道二乘境界。大慧！此如來藏藏識是佛境界，以及像你這樣的淨智菩薩所修行的境界，是依義菩薩所行之處，不是一切執著文字的外道二乘之所行處。所以你及諸大菩薩於如來藏藏識應當勤加觀察，不要一聽便以自足。」

那時，世尊重說頌曰：

「甚深微妙之如來藏，與七識是同時俱生；

對於有能取有所取的執著，因了解而遠離。

無始習所熏，如像現於心；
若能如實觀，境相悉無有。
如愚見指月，觀指不觀月；
計著文字者，不見我真實。
心如工伎兒，意如和伎者；
五識為伴侶，妄想觀伎
眾。」

爾時大慧菩薩摩訶薩復白
佛言：「世尊！願為我說五法
自性諸識無我差別之相。我及
諸菩薩摩訶薩善知此已，漸修
諸地具諸佛法，至於如來自證
之位。」

為無始惡習所熏，心所現似影像，
如實觀察，則無對象及其形態。
猶如愚夫見手指指月，只看指頭而不看月亮；
計著於語言文字者，不能洞見真實之法。
心如同演員跳舞，意如同丑角；
識與五識一起妄想聽見似舞台。
識則連同餘五識妄想持續取相即有如觀眾。」

那時，大慧菩薩又對佛說：「世尊！請為我講解五法自性、二種無我差別之相。使我及諸大菩薩知此行相，按照次第連續進入諸地，具足一切佛法，之後至於如來聖智自證境界。」

佛言：「諦聽！當為汝說。大慧！五法自性諸識無我，所謂：名、相、分別、正智、如如。若修行者觀察此法，入於如來自證境界，遠離常斷有無等見，得現法樂甚深三昧。大慧！凡愚不了五法自性諸識無我，於心所現見有外物而起分別，非諸聖人。」

大慧白言：「云何不了而起分別？」

佛言：「大慧！凡愚不知名是假立，心隨流動見種種相，

佛說：「好好聽著！我當為你講述。大慧啊！我五法、自性、識、二無我，名、相、分別、正智和真如，進入如來自證境界者，摒棄常斷和有無分別見，得現法之樂和入定之樂。大慧！**凡夫愚癡不能了達五法、自性、識、二無我，於自心所見有外物而起虛妄分別，而聖者們不是這樣。」**

大慧說道：「凡夫愚癡為何會不了達而起分別？」

佛說道：「大慧啊！**凡夫愚癡不了解名相是假立的，心伴隨種種相動，陷入我和我所，**執著種

計我我所染著於色，覆障聖智起貪瞋癡，造作諸業如蠶作繭，妄想自纏墮於諸趣生死大海，如汲水輪循環不絕，不知諸法如幻如焰如水中月，自心所見妄分別起，離能所取及生住滅，謂從自在、時節、微塵、勝性而生，隨名相流。

大慧！此中相者，謂：眼識所見名之為色；耳、鼻、舌、身、意識得者，名之為聲、香、味、觸、法，如是等我說為相。分別者，施設眾名顯示諸相，

種色，蒙蔽了聖智產生貪、瞋和癡，造作諸業，如蠶作繭自縛，妄想自纏墮入流轉生死大海，如汲水輪，他們不知道一切法如同幻覺、陽焰和水中月，都是自心所現皆分別之為生，遠離沒有所相和能相及生、住和滅，即謂其從自在天、時、微塵、勝因等生，由是遂追隨名與相。

大慧啊！呈現給眼識，稱為色；同樣，呈現給耳識、鼻識、舌識、身識和心識，名為聲、香、味、觸和法，我說這是相。那是依靠分別而命名，說明種種相，指稱象、馬、車、步兵、男女等等，作出分別。正智是觀名相互為過客，諸識不起，不斷不

謂以象馬車步男女等名而顯其相，此事如是決定不異，是名分別。正智者，謂觀名相互為其客，識心不起不斷不常，不墮外道二乘之地，是名正智。大慧！菩薩摩訶薩以其正智觀察名相，非有非無遠離損益二邊惡見，名相及識本來不起，我說此法名為如如。」

爾時大慧菩薩摩訶薩復白佛言：「世尊！為三性入五法中？為各有自相？」

佛言：「大慧！三性、八

常，不陷入一切外道、聲聞和緣覺之地，而稱為正智。大慧啊！**大菩薩憑藉正智觀察名相，不以名為有，也不以相為無**，遠離損益（不犯增益謗，也不犯減損謗）二邊邪見，**諸識不起名和相，我說這是真如**。」

那時大慧菩薩又對佛說：「世尊！三自性入五法中？是三自性各有自相嗎？」

佛說：「大慧！**三自性、八識及二種無我，皆**

識及二無我，悉入五法，其中名及相是妄計性；以依彼分別心心所法俱時而起，如日與光是緣起性；正智如如不可壞故，是圓成性。大慧！於自心所現生執著時，有八種分別起，此差別相皆是不實，惟妄計性。若能捨離二種我執，二無我智即得生長。大慧！聲聞緣覺菩薩如來，自證聖智諸地位次，一切佛法悉皆攝入此五法中。

復次大慧！五法者，所謂相、名、分別、如如、正智。

入於此五法中，其中名與相是妄計所執自性；若依靠他們產生的分別名心和種種心所，必帶名相一併生起，如日與光是緣起自性；正智、如如，不是造作之法，不可壞滅，是圓成實性。大慧！執著於自心所現分別法，差別有八種，以分別諸相，此皆是虛妄不實，只是虛妄計著而已。若能捨去人、法二種我執，二無我智即得生長。大慧！聲聞、緣覺、菩薩、如來自證聖智諸境界，一切佛法也都攝入此五法中。

此外，大慧！五法者，所謂相、名、分別、如如、正智。其中的『相』，即聽見之色等諸法，形此中相者，謂所見色等形狀各別，是名為相。依彼諸相立瓶等名，此如是、此不異，是名為名。施設眾名顯示諸相心心所法，是名分別。彼名彼相畢竟無有，但是妄心展轉分別，如是觀察乃至覺滅，是名如如。大慧！真實決定究竟根本自性可得，是如如相。我及諸佛隨順證入，如其實相開示演說。若能於此隨順悟解，離斷離常不生分別入自證處，出於外道二乘境界，是名正智。大慧！

狀各別，這就叫做『相』。根據各種相狀建立瓶、衣等名稱，說這是瓶，那是衣等，這就是『名』。施設眾名，顯示諸相，分別心、心法，這就是『分別』。其名其相畢竟無有，只是妄心輾轉虛妄分別，如此觀察，以至無有妄想覺知，這就是『如如』。大慧！只有自性可得，其餘皆是虛幻，所以諸佛隨順證入，如其實相，為諸眾生開示講演，如果能如此隨順悟解，離於斷常等二邊分別，入自證聖智境界，非二乘外道之所能得，這就是『正智』。大慧！此五法、三自性、八識、二無我，普攝一切佛法。大慧！你應以自智善巧通達，也勸他人，使其也通達，既已通達，心就不會隨名相流轉。」

此五種法，三性、八識及二無我，一切佛法普皆攝盡。大慧！於此法中，汝應以自智善巧通達，亦勸他人令其通達，通達此已，心則決定不隨他轉。」

爾時世尊重說頌言：

「五法三自性，及與八種識；

二種無我法，普攝於大乘。

名相及分別，二種自性攝；

正智與如如，是則圓成相。」

那時，世尊重說偈言：

「名相等五法及遍計所執三自性，以及眼等八種識；

人無我和法無我二種無我法，普攝一切大乘法。

五法中的名、相及分別，為二種自性所攝；

正智與如如二種法，則屬於圓成實。」

爾時大慧菩薩摩訶薩復白佛言：「世尊！如經中說，過去未來現在諸佛如恒河沙，此當云何？為如言而受？為別有義？」

佛告大慧：「勿如言受。大慧！三世諸佛非如恒沙。何以故？如來最勝超諸世間，無與等者非喻所及，唯以少分為其喻耳。我以凡愚諸外道等，心恒執著常與無常，惡見增長生死輪迴，令其厭離發勝悕望，言佛易成易可逢值；若言難遇

然後，大慧菩薩又對世尊說道：「世尊！在誦經說法中說過去、未來和現在如來如同恒河沙，這是甚麼意思呢？我是按著您所說依言取義呢？還是其中別有含義？」

佛告訴大慧：「**不要依言說隨順執取**。大慧！三世諸佛，非如恒河沙，為什麼呢？如來殊勝無上，超諸世間，世間無物可以比擬，只為藉此略作比喻而已。因為愚癡凡夫及諸外道，常常執著常與無常諸惡見，增長生死輪迴，為使其厭離生死，故說佛容易成就也像恒河沙那樣很容易遇到；眾生可以得到佛之教化，如果說遇佛如遇優曇鉢花一樣難，他便聞而怯步，不精進學佛，所以我說諸佛如

如優曇華，彼便退怯不勤精進，是故我說如恒河沙。我復有時觀受化者，說佛難值如優曇華。

大慧！優曇鉢華無有曾見現見當見，如來則有已見當見。大慧！如是譬喻非說自法。自法者，內證聖智所行境界，世間無等過諸譬喻，一切凡愚不能信受。

大慧！真實如來超心、意、意識所見之相，不可於中而立譬喻。然亦有時而為建立，言恒河沙等無有相違。大慧！譬

恒河沙無量無數。有時我又對信受佛法者，說遇佛如同遇優曇鉢花一樣難。

大慧！優曇鉢花，過去不曾見過，現在也見到，將來也不會見到，如來則不論於過去、現在、未來都可以見到。大慧！這樣的譬喻，非說真實法。**真實法者，內證聖智所行境界，世間無物可以比擬，非凡夫心識所見之相，故非愚癡凡夫之所能信受。**

大慧！佛說真實如來是離開心、意、意識這些分別相的，不是用比喻能夠說的。然而但有時也以恒河沙作譬喻，並不相矛盾。大慧！譬如恒河沙，

如恒沙，龜魚象馬之所踐踏，不生分別恒淨無垢；如來聖智如彼恒河，力通自在以為其沙，外道龜魚競來擾亂，而佛不起一念分別。何以故？如來本願，以三昧樂普安眾生，如恒河沙無有愛憎無分別故。大慧！譬如恒沙是地自性，劫盡燒時燒一切地，而彼地大不捨本性，恒與火大俱時生故，諸凡愚人謂地被燒，而實不燒，火所因故；如來法身亦復如是，如恒河沙終不壞滅。」

為龜、魚、象、馬之所踐踏，但並不因此而生分別，也不因此而生垢濁；如來聖智之力，猶如恒河沙，外道龜魚，競相擾亂，而佛不起一念分別。為什麼呢？諸佛如來大悲本願，為諸眾生普入三昧，皆得安樂，如恒河沙，無有愛憎等等分別。大慧！譬如恒河沙是大地自性，劫盡大火燒一切物，而其地性絲毫不捨，常與火之大種並生，諸愚癡凡夫說地被燒，而地實不能燒，因為火之大種，不離於地；如來法身也是這樣，如恒河沙終不壞滅。」

大慧菩薩復白佛言：「若生死本際不可知者，云何眾生在生死中而得解脫？」

佛言：「大慧！無始虛偽過習因滅，了知外境自心所現，分別轉依名為解脫；非滅壞也，是故不得言無邊際。大慧！無邊際者，但是分別異名。大慧！離分別心無別眾生，以智慧觀察內外諸法，知與所知悉皆寂滅。大慧！一切諸法，唯是自心分別所見，不了知故分別心起，了心則滅。」

大慧菩薩又對佛說：「如果不知道眾生輪迴的本際，怎麼能知道眾生的解脫呢？」

佛說：「大慧！消除無始戲論惡劣分別習氣的原因，了知外境是自心所現，擺脫分別所依，這就是解脫；並非斷滅邊，所以不得說是無邊。大慧！無限的邊際是分別的說法。大慧！離開虛妄分別之心，無所謂眾生，以佛法智慧觀察，一切內外諸法，知與所知皆是寂滅。大慧！**一切諸法只是自心分別所見，因不了知，於分別心起虛幻諸法，了知諸法是自心所見，則不妄生分別。**」

爾時大慧菩薩摩訶薩復白佛言：「世尊！願為我說一切諸法剎那壞相。何等諸法名有剎那？」

佛言：「諦聽！當為汝說。大慧！一切法者，所謂：善法不善法，有為法無為法，世間法出世間法，有漏法無漏法，有受法無受法。大慧！舉要言之，五取蘊法以心、意、意識習氣為因而得增長，凡愚於此而生分別，謂善不善。聖人現證三昧樂住，是則名為善無漏法。

那時，大慧菩薩又對佛說：「世尊！請為我解說一切諸法剎那壞相。為何一切法為剎那？」

佛說：「好好聽著！我當為你解說。大慧！所謂一切法者，所謂：善法和不善法，有生滅之有為法和無生滅之無為法，世間法與出世間法，有染污之有漏法與無染污之無漏法，有執取之受法與無執取之無受法。大慧！概括地說，五取蘊法，以諸心識習氣而得增長，愚癡凡夫於此而生虛妄分別，說這是善與不善。聖人現證三昧樂境，這就叫做善無漏法。

復次，大慧！善不善者，所謂八識。何等為八？謂如來藏名藏識，意及意識并五識身。

大慧！彼五識身與意識俱，善不善相展轉差別相續不斷，無異體生生已即滅，不了於境自心所現，次第滅時別識生起，意識與彼五識共俱，取於種種差別形相，刹那不住，我說此等名刹那法。

大慧！如來藏名藏識，所與意等諸習氣俱是刹那法，無漏習氣非刹那法，此非凡愚刹

此外，大慧！善法和不善法是八識。哪八識呢？即如來藏名藏識，還有意和意識以及五識身。

大慧！五識身和意識一起，意識造善及不善業相，輾轉差別，相續不斷，身與相續結合而無變異，相互纏縛，現而生起，即生即滅，不覺知自心所現，一識滅後，另外的識生起，意識即與五識聚結合，執取形態及形相差別，刹那不住，我說這些叫做刹那法。

大慧！阿賴耶識名為如來藏，與意一起，具有轉出的諸識習氣，這是刹那。而不具有煩惱習氣，則不是刹那。愚夫們執著刹那說，不理解一切法的

那論者之所能知。彼不能知一切諸法有是剎那非剎那故，彼計無為同諸法壞，墮於斷見。

大慧！五識身非流轉，不受苦樂非涅槃因，如來藏受苦樂與因俱有生滅，四種習氣之所迷覆，而諸凡愚分別熏心，不能了知起剎那見。」

大慧菩薩復白佛言：「世尊常說六波羅蜜，若得滿足便成正覺。何等為六？云何滿足？」

佛言：「大慧！波羅蜜者，差別有三。所謂：世間、出世

這種剎那和非剎那性，由於不理解，他們毀滅無為法，墮於斷見。

大慧啊！五識身非流轉體，不感受苦樂，不是涅槃的原因，如來藏受四種習氣蒙蔽，但是凡夫愚癡受分別習氣熏染，不能理解而生起剎那邪見。」

大慧菩薩又對佛說：「世尊常說六波羅蜜若得滿足，便成正覺，是哪六種波羅蜜？如何才是滿足？」

佛說：「大慧！波羅蜜者，差別有三。所謂**世間波羅蜜**、**出世間波羅蜜**和**出世間上上波羅蜜**。大

間、出世間上上。大慧！世間波羅蜜者，謂諸凡愚著我我所執取二邊，求諸有身貪色等境，如是修行檀波羅蜜、持戒、忍辱、精進、禪定，成就神通生於梵世。大慧！出世間波羅蜜者，謂聲聞緣覺執著涅槃希求自樂，如是修習諸波羅蜜。大慧！出世間上上波羅蜜者，謂菩薩摩訶薩於自心二法，了知惟是分別所現，不起妄想不生執著，不取色相，為欲利樂一切眾生，而恒修行檀波羅蜜；

慧！世間波羅蜜即諸愚癡凡夫執著於我、我所，執取二邊，他貪著色聲香味觸五塵的享受，為身前身後的種種受生處著想，以這樣的目的修行布施、持戒、忍辱、精進、禪定、般若，得五神通世間之法，生於六欲梵世。大慧！出世間波羅蜜者，如聲聞、緣覺，欣趣涅槃，追求自我解脫，如此修行六度，是名出世間波羅蜜。大慧！**出世間上上波羅蜜者，指大菩薩了知人、我二法唯是自心所現，不起妄想，不生執著，不取色相，為利益一切眾生，而常修行布施波羅蜜；於諸境界不起分別，修行持戒波羅蜜**；了解所取和能取，而能忍受不起分別，修行忍辱波羅蜜；前夜至後夜，精進努力，順應修行於方便道，妄想不生，這就是精進波羅蜜；自心不起

於諸境界不起分別，是則修行尸波羅蜜；即於不起分別之時，忍知能取所取自性，是則名為羼提波羅蜜；初中後夜勤修匪懈，隨順實解，不生分別，是則名為毘梨耶波羅蜜；不生分別，不起外道涅槃之見，是則名為禪波羅蜜；以智觀察心無分別不墮二邊，轉淨所依而不壞滅，獲於聖智內證境界，是則名為般若波羅蜜。」

分別，不陷入外道涅槃之見，這就是禪定波羅蜜；智慧觀察不起妄心分別，不墮於二邊之見，轉離所依，宿業毀滅，就得內證自覺境界，這就是般若波羅蜜。」

第07品 變化品第七

所知障及煩惱障要如何修習，才能得到清淨呢？

本品是大慧菩薩提出十個問題問佛。

第一個問題：問佛授記阿羅漢能夠成佛，那菩薩和阿羅漢是否仍有差別。

第二個問題：無佛種性的眾生如何成佛。

第三個問題：問佛為何從得道以後一直到般涅槃，這期間說法四十九年，佛卻說沒有說一個字，也沒有回答什麼問題。

第四個問題：如來常在定中沒有思慮，無慮無察，如何能夠應機說法。

第五個問題：化佛是如何做佛事活動的。

第六個問題：為何佛要說諸識都是剎那展轉變化壞相。

第七個問題：問佛為何身旁有金剛力士侍衛。

第八個問題：問佛為何不說無始以來生死的本源究竟是什麼。

第九個問題：問佛如來為何還有魔業。

第十個問題：如來既然都能夠證得了一切種智了，為何還有惡業惡報。

佛言：「諦聽！當為汝說。

大慧！我為無餘涅槃界故，密勸令彼修菩薩行，此界他土有諸菩薩，心樂求於聲聞涅槃，令捨是心進修大行，故作是說。又變化佛與化聲聞而授記別，非法性佛。大慧！授聲聞記是祕密說。大慧！佛與二乘無差別者，據斷惑障解脫一味，非謂智障，智障要見法無我性乃清淨故。煩惱障者，見人無我意識捨離，是時初斷藏識習滅，法障解脫方得永淨。

佛說：「好好聽著！我當為你解說。

大慧！我依密意為那些自以為證涅槃便是成佛之聲聞方便說與之授記，為了鼓勵修行者修習菩薩行，在這裡和其他佛土，都有修習菩薩行者，為了讓那些渴望聲聞乘涅槃者擺脫對聲聞乘的喜愛，鼓勵他們走上大乘，因此這麼說。而且是化身佛給應化的聲聞授記，並不是法性佛所給的授記。大慧啊！正是據此向聲聞授記。大慧！佛典所言佛與二乘無差別者，只就斷除煩惱障說，非指所知障，斷除所知障，要見法無我性時，而得到清淨。煩惱障只要先修習洞察人無我，擺脫意識，斷除諸法障礙藏識習氣等，消除法障，獲得淨化。大慧！我依本然常住之法，非與前佛所說有異，無前無後，前後大慧！我依本住法作是密語，非異前佛，後更有說，先具如是諸文字故。大慧！如來正知無有妄念，不待思慮然後說法，如來久已斷四種習，離二種死、除二種障。大慧！意及意識眼識等七，習氣為因是刹那性，離無漏善非流轉法。大慧！如來藏者，生死流轉及是涅槃苦樂之因，凡愚不知妄著於空。

大慧！變化如來，金剛力士常隨衛護，非真實佛。真實如來離諸限量，二乘外道所不

所說的法都是教化的方便，因此如來不思辨，不觀察，用原本捨棄的文字說法。大慧！如來因為具足正智，沒有妄念，在無思慮中說法，脫離四種習氣之地，擺脫兩種死，消除煩惱和所知二障。大慧！意及意識、眼識等七種識，以習氣為原因，是刹那生滅的，證得了無漏善果就能夠不受輪迴流轉。大慧！如來藏流轉，是涅槃和苦樂的原因。愚夫們的思想受空性迷惑，不能理解。如來藏藏識的境界，能持生死流轉，是涅槃、苦樂之因，凡夫愚眾不能了知而妄著於空。

大慧！變化如來有金剛力士隨身護衛，不是真實法身佛。真實法身如來離一切根識與量，超越一切凡愚及二乘與外道住於現法之樂者堪受現證法

能知，住現法樂成就智忍，不假金剛力士所護。一切化佛不從業生，非即是佛亦非非佛，譬如陶師眾事和合而有所作，化佛亦爾，眾相具足而演說法，然不能說自證聖智所行之境。

復次，大慧！諸凡愚人見六識滅起於斷見，不了藏識起於常見。大慧！自心分別是其本際，故不可得，離此分別即得解脫，四種習斷離一切過。」

智，不用金剛力士隨身護衛。一切變化佛不生於業，非真是佛，也不離真佛，如來不在他們之中，而離了他們，也沒有如來。如同陶工利用種種所緣，種種和合而作有情事，化佛為了度眾生，應身說法，常常示現種種相而演說法，雖然不是他自證聖智境界，但也不離開真佛的真實。

還有，大慧啊！愚痴凡夫們因六識身破而依附斷見，或因為不能覺知識藏而懷有常見。大慧啊！自心妄想分別的本際（無始的、本來的）不能了知，所是不可得的，脫離此自心分別就是得解脫，摒棄四種習氣，也就沒有什麼過患了。」

第08品 斷食肉品第八

為什麼耽著於肉味，會給自己和他人帶來不幸呢？

【要義】

本品分兩個部分。第一個問題是大慧請問食肉，第二個問題是世尊解說斷肉。大慧菩薩為眾生請法，問不食肉有什麼功德，食肉有什麼罪惡過患。佛陀說聞殺不吃、見殺不吃、疑為己殺不吃。無論是二乘，還是凡夫、外道，真正要修行的話，都應該以悲心為本，趣無上菩提。第二，世尊解說斷肉。列舉了十五種不應該食肉的因緣，很多的因緣，佛在這裡主要說了十五種不應該食肉的因緣。

「大慧！淨美食者，應知則是粳米粟米大小麥豆蘇油石蜜，如是等類，此是過去諸佛所許，我所稱說。我種性中諸善男女，心懷淨信久植善根，於身命財不生貪著，慈愍一切猶如己身，如是之人之所應食。

大慧！過去有王名師子生，耽著肉味食種種肉，如是不已遂至食人，臣民不堪悉皆離叛，亡失國位受大苦惱。大慧！釋提桓因處天王位，以於過去食肉餘習，變身為鷹而逐

「大慧！淨美食者當是食粳米、粟米、大小麥、豆、酥油、石蜜等等，這些是過去諸佛所允許的，也是我常說可以吃的食物。我種姓中諸善男子善女人，心懷淨信，久植善根，於身家性命、珠寶錢財等不生貪著，慈憐一切眾生，視一切眾生如同親身骨肉，唯許食諸聖人所應食者，其餘的皆不允許。

大慧！過去有一王名獅子王，耽著於肉味，食種種肉，久而久之，遂至於食人肉，臣民不堪其苦，悉皆叛離，結果丟掉王位，受莫大苦惱。大慧！帝釋處天王之位，因過去食肉，所餘之惡習遂使他轉生為鷹，它又追食於鴿，我當時為屍毗王，慈憐該鴿，便自割身上的肉餵鷹，以救鴿之性命。

於鴿。我時作王名曰尸毘，愍念其鴿，自割身肉以代其命。

大慧！帝釋餘習尚惱眾生，況餘無慚常食肉者。當知食肉自惱惱他，是故菩薩不應食肉。

大慧！昔有一王乘馬遊獵，馬驚奔逸入於山險，既無歸路又絕人居，有牝師子與同遊處，遂行醜行生諸子息，其最長者名曰班足，後得作王領七億家，食肉餘習非肉不食，初食禽獸後乃至人，所生男女

大慧！帝釋所餘之習氣尚且帶給眾生不幸，更何況其他食肉者。當知食肉者給自己和他人帶來不幸，因此菩薩不應該食肉。

大慧！過去有一位國王，乘馬打獵，馬受驚嚇後跑入山林之中，既無歸路，又絕人煙，當時有一頭母獅子，便與它同處，與母獅交配，繁衍後代，生了許多子女，最大的名叫班足，後來作王，統領七億家眾，由於食肉餘習，非肉不食，起初食禽獸，後甚至於食人肉，所生男女，都是羅剎，其身轉生，又生於獅子、虎、豹、豺、狼之中，他們甚至難以

悉是羅剎。轉此身已，復生師子豺狼虎豹雕鷲等中，欲求人身終不可得，況出生死涅槃之道。

大慧！夫食肉者有如是等無量過失，斷而不食獲大功德，凡愚不知如是損益，是故我今為汝開演，凡是肉者悉不應食。大慧！凡殺生者多為人食，人若不食亦無殺事，是故食肉與殺同罪。

大慧！世復有人心無慈愍，專行慘暴猶如羅剎，若見

投胎為人，更不用說到達涅槃。

大慧！食肉者有如此無量過失，擺脫食肉能獲大功德，愚夫們不覺知這些過患，所以我現在為你們開示演說，凡是肉者，都不應食。大慧！凡殺生者多是為了給人吃，如果人不食肉，也就沒有殺生之事，所以食肉與殺生同罪。

大慧！世上又有人無慈心，專行慘暴與羅剎無異，若見眾生之身豐盈強盛，便生肉想，說這可以

眾生其身充盛，便生肉想言此可食。大慧！世無有肉，非是自殺亦非他殺，心不疑殺而可食者，以是義故我許聲聞食如是肉。大慧！未來之世有愚癡人，於我法中而為出家，妄說毘尼壞亂正法，誹謗於我言聽食肉亦自曾食。大慧！我若聽許聲聞食肉，我則非是住慈心者，修觀行者，行頭陀者，趣大乘者，云何而勸諸善男子及善女人，於諸眾生生一子想斷一切肉？大慧！我於諸處說遮

吃。大慧！世間沒有肉不是自己或他人動手殺的，若心中沒有懷疑此動物是被殺的就可以吃，我就允許聲聞吃這樣的肉。大慧！未來之世有愚癡人，於我法中出家，妄說戒律，亂我正法，誹謗於我，說我允許食肉，自己也曾食肉。大慧！我若允許聲聞食肉，我就是沒有慈心，不是修觀行之人，不是行頭陀者，不是趣大乘者，如何勸諸善男子、善女人視諸眾生如同己子，斷一切肉呢？大慧！我於各處所說之十種不許、三種允許者，是為了使人漸進斷肉，漸進修學；現在此經所說的，則是不管它自己死的或他殺，凡一切肉皆不應食。大慧！我過去不曾允許弟子食肉，現在也不允許，將來仍然不會允許。大慧！凡是肉，對於出家人來說都是不淨。」

十種許三種者，是漸禁斷令其修學；今此經中自死他殺，凡是肉者一切悉斷。大慧！我不曾許弟子食肉，亦不現許亦不當許。大慧！凡是肉食，於出家人悉是不淨。」

第09品 陀羅尼品第九

受持讀誦楞伽咒會有什麼功德呢？

【要義】

佛說《楞伽經》中的咒語，及念誦、受持記憶這些咒語的功德。並說誦此咒者，如誦全經。

爾時佛告大慧菩薩摩訶薩言：「大慧！過去未來現在諸佛，為欲擁護持此經者，皆為演說楞伽經呪，我今亦說，汝當受持。」即說呪曰：

怛姪他一　覩吒覩吒都駿反，下同二　杜吒杜吒三　鉢吒鉢吒四　葛吒葛吒五　阿麼隸阿麼隸六　毘麼隸毘麼隸七　儞謎儞謎八　呬謎呬謎九　縛扶可反謎縛謎十　葛隸葛隸十一　揭囉葛隸十二　阿吒末吒十三

那時，佛告訴大慧菩薩說：「大慧啊！過去、未來和現在的諸佛，為了想要擁護持此經的人，皆為他們念誦楞伽咒，我現在為你念誦，你應該要受持記憶。」它們是這樣：

怛姪他一　覩吒覩吒都駿反，下同二　杜吒杜吒三　鉢吒鉢吒四　葛吒葛吒五　阿麼隸阿麼隸六　毘麼隸毘麼隸七　儞謎儞謎八　呬謎呬謎九　縛扶可反謎縛謎十　葛隸葛隸十一　揭囉葛隸十二　阿吒末吒十三

折吒咄吒十四　者若攘舸反，二合吒薩普二合吒十五　葛地雜計反，下同剌地十六　鉢地十七　呬謎呬謎十八　第謎十九　折隸折隸二十　鉢利鉢利二十一　畔第毘第二十二　案制滿制二十三　黠胝戶反，下同茶去聲，下同𡅅二十四　杜茶𡅅二十五　鉢茶𡅅二十六　遏計遏計二十七　末計末計二十八　斫

折吒咄吒十四　者若攘舸反，二合吒薩普二合吒十五　葛地雜計反，下同剌地十六　鉢地十七　呬謎呬謎十八　第謎十九　折隸折隸二十　鉢利鉢利二十一　畔第毘第二十二　案制滿制二十三　黠胝戶反，下同茶去聲，下同𡅅二十四　杜茶𡅅二十五　鉢茶𡅅二十六　遏計遏計二十七　末計末計二十八　斫結

結
斫結𠺕二合二十九　地依
字呼謎地謎三十　呬謎呬謎
三十一　黈
黈黈黈三十二　楮筶矩反
楮楮楮三十三　杜杜杜三十四
杜
虎二合杜虎杜虎杜虎
三十五　莎婆訶三十六

「大慧！未來世中，若有善男子、善女人，受持讀誦為他解說此陀羅尼，當知此人，不為一切人與非人諸鬼神等之

斫結𠺕二合二十九　地依字呼謎地謎三十　呬謎呬謎三十一　黈
黈黈黈三十二　楮筶矩反楮楮楮三十三　杜杜杜三十四　杜
虎二合杜虎杜虎杜虎三十五　莎婆訶三十六

「大慧啊！這些是大乘《入楞伽經》中的咒語。大慧啊，如果善男子或善女人掌握、記住、宣示和通曉這些咒語，那麼，誰也不能侵擾他們。如果遇到麻煩，只要念誦一百零八遍咒語，就會看到

所得便；若復有人卒中於惡，為其誦念一百八遍，即時惡鬼疾走而去。大慧！我更為汝說陀羅尼。」即說呪曰：

怛姪他（一）　鉢頭摩第鞞（二）　鉢頭迷（三）　醯（去聲，下同）泥醯禰醯泥（四）　隸主羅主隸（五）　虎隸虎羅虎隸（六）　庾隸庾隸（七）　跛隸跛羅跛隸（八）　嗔（上聲，呼）第臏第（九）　畔逝末第（十）　尼羅迦隸（十一）　莎婆訶（十二）

惡鬼哭喊著逃向他方。大慧啊！我為你念誦另一些咒語。」它們是這樣：

怛姪他（一）　鉢頭摩第鞞（二）　鉢頭迷（三）　醯（去聲，下同）泥醯禰醯泥（四）　隸主羅主隸（五）　虎隸虎羅虎隸（六）　庾隸庾隸（七）　跛隸跛羅跛隸（八）　嗔（上聲，呼）第臏第（九）　畔逝末第（十）　尼羅迦隸（十一）　莎婆訶（十二）

第10品 偈頌品第十

為什麼說在不實的因緣中妄執實在而分別有、無，
是遠離佛的教法？
愚癡凡夫所分別之外境是幻還是真？
了悟外境皆為自心之所現，就是入佛知見嗎？

【要義】

又譯為「總偈頌品」。本品無宋譯。魏譯為「總品」，唐譯為「偈頌品」，各取半義，今沿唐譯。重頌，世尊重宣本經深廣義理。強調真如就是如來藏，真如是如來藏之所顯性。

現存抄本中，前面有一首偈頌（起頌）：請聽《入楞伽經》中宣示的大乘奇妙法門，由偈頌寶石組成，破除邪見網。

爾時世尊，欲重宣此修多羅中諸廣義故，而說偈言：

「諸法不堅固，皆從分別生，以分別即空，所分別非有。由虛妄分別，是則有識生，八九識種種，如海眾波浪。

習氣常增長，槃根堅固依，心隨境界流，如鐵於磁石。眾生所依性，遠離諸計度，及離智所知，轉依得解脫。得如幻三昧，超過於十地；觀見心王時，想識皆遠離。」

「我以方便說，而實無有

那時，世尊為了重宣此《楞伽經》中深廣義理，而重說偈言：

「諸法皆不真實，都是從虛妄分別而生；若能了悟分別識空，則知諸法本來寂滅。由於虛妄分別，因此而有諸識生，阿賴耶識及諸轉識，如海起波浪。

始終隨習氣增長，緊繫堅固的根，心在境界中轉動，如鐵附著磁石。眾生所依之本基，摒棄意識的作用去思量分別，遠離能知和所知，轉得其中無漏之真智即得解脫。如幻入定超越於十地；觀見於心王離想離識覺。」

「我以方便說法，但事實上並未有相；愚痴凡相；愚夫妄執取，能相及所相。一切知非知，一切非一切；愚夫所分別，佛無覺自他。諸法如幻夢，無生無自性；以皆性空故，無有不可得。我惟說一性，離於妄計度；自性無有二，眾聖之所行。如四大不調，變吐見螢光；所見皆非有，世間亦如是。猶如幻所現，草木瓦礫等；彼幻無所有，諸法亦如是。非取非所取，非縛非所縛；如幻如陽焰，如夢亦如翳。若欲見真實，離諸分別取；應修真實觀，見佛必無疑。

夫於能相及所相上執取實有。知一切者並非知一切者，一切也並非在一切之中；愚痴凡夫們分別，佛沒有自他分別。一切事物如幻似夢，無自性，無生；因為一切皆空，有和無皆不可得。我只說一自性，遠離虛妄思量分別，那是聖者聖境界，摒棄兩種自性。就像因為四大不調而生病，見到許多螢火蟲；而實際不存在，這個世界也是如此。如依靠草木沙礫展現幻象，而幻象不可得，諸法原本如此。無能取和所取，無能縛和所縛；如幻覺和陽焰，如夢幻和翳障。若欲見真實者，離種種分別執取，應修真實觀，必定會見到佛無疑。

識中諸種子，能現心境界；愚夫起分別，妄計於二取。無明愛及業，諸心依彼生；以是我了知，為依他起性。妄分別有物，迷惑心所行；此分別都無，迷妄計為有。

眾生心所起，能取及所取；所見皆無相，愚夫妄分別。

顯示阿賴耶，殊勝之藏識；離於能所取，我說為真如。

語言心所行，虛妄墮二邊；慧分別實諦，是慧無分別。

於智者所現，於愚則不現；如

種種心如同種子，能展現心境界；愚痴凡夫由此生分別，妄想計量於能取與所取。無明、貪愛和業，心和心所作因，依此轉出，故而稱為依他自性。虛妄分別為事物，此為心迷惑所行，帶有迷惑，就叫妄心；此分別是無，因迷惑而遍計為有物。

眾生的心因能取及所取而起；所見都是無相，只是愚痴凡夫妄想分別為有。所以顯示出阿賴耶識就是最殊勝的心；離能取與所取，這就是真如。

語言屬於心行相，虛妄而落入二邊；智慧分辨真實，因為智慧不妄想分別。愚夫所見不同於智者所見；一切法無相向智者呈現。這就像是假金造纓是智所現，一切法無相。如假金瓔珞，非金愚謂金；諸法亦如是，外道妄計度。」

「願說佛滅後，誰能受持此？」

「大慧汝應知，善逝涅槃後，

未來世當有，持於我法者。

南天竺國中，大名德比丘；

厥號為龍樹，能破有無宗。

世間中顯我，無上大乘法；

得初歡喜地，往生安樂國。

眾緣所起義，有無俱不可；

珞，並非是金，凡愚卻遍計為真金；一切事物也是如此，外道顛倒遍計一切法。」

「願世尊開示佛滅後，誰能受此大法？」

「大慧你應知，佛滅後，

未來世當會有，信受奉持我教法的人。

於南印度國中，有位名叫德比丘；

其號為龍樹，他能破斥空、有二宗。

於世間中開顯我的教法，是為無上大乘妙法；

他能登上歡喜地，往生於淨土中；

眾緣所示現的義理，說是有是無都是不對的。

緣中妄計物，分別於有無；
如是外道見，遠離於我法。
一切法名字，生處常隨逐；
已習及現習，展轉共分別；
若不說於名，世間皆迷惑；
為除迷惑故，是故立名言。」

在不實的因緣中妄執實在而分別有、無；
如此謂外道邪見，是遠離我的教法。
一切為令眾生得度所立的名字，於生時常隨逐；
數百生來為一切事物命名，依據互相的分別重複至今；
但如來若不說假名，眾生都會迷惑；
為消除迷惑故，是故立名言。」

國家圖書館出版品預行編目（CIP）資料

楞伽經精要,以佛心印心辨別修證真假：了悟第一義心，遠離各種外道及見解上的過錯 / 實叉難陀原譯；梁崇明編譯. -- 初版. -- 新北市：大喜文化, 2019.09
面；　公分. -- (經典精要；108005)
ISBN 978-986-97879-1-8(平裝)

1.經集部

221.751　　108010481

經典精要 108005

楞伽經精要，以佛心印心辨別修證眞假：了悟第一義心，遠離各種外道及見解上的過錯

原　　譯：唐．實叉難陀
編　　譯：梁崇明
編　　輯：謝文綺
發 行 人：梁崇明
出 版 者：大喜文化有限公司
封面設計：大千出版社
登 記 證：行政院新聞局局版台省業字第 244 號
P.O.BOX ：中和市郵政第 2-193 號信箱
發 行 處：23556 新北市中和區板南路 498 號 7 樓之 2
電　　話：02-2223-1391
傳　　真：02-2223-1077
E-Mail：darchentw@gmail.com
銀行匯款：銀行代號：050　帳號：002-120-348-27
　　　　　臺灣企銀　帳戶：大喜文化有限公司
劃撥帳號：5023-2915，帳戶：大喜文化有限公司
總經銷商：聯合發行股份有限公司
地　　址：231 新北市新店區寶橋路 235 巷 6 弄 6 號 2 樓
電　　話：02-2917-8022
傳　　真：02-2915-7212
出版日期：2019 年 9 月
流 通 費：$350
網　　址：www.facebook.com/joy131499
I S B N：978-986-97879-1-8